日本史的诞生

（日）冈田英弘——著

王岚　郭颖——译

海南出版社

HAINAN PUBLISHING HOUSE

NIHONSHI NO TANJO
by Hidehiro Okada
Copyright © Hidehiro Okada 2008
All rights reserved.
Original Japanese paperback edition published by Chikumashobo Ltd.
This Simplified Chinese edition published by arrangement with Chikumashobo
Ltd. Tokyo in care of Tuttle-Mori Agency, Inc., Tokyo
中文简体字版权 © 2018 海南出版社

版权合同登记号：图字：30-2016-186 号
　图书在版编目（CIP）数据
　日本史的诞生 /（日）冈田英弘著；王岚，郭颖译
. -- 海口：海南出版社，2018.9
　ISBN 978-7-5443-8367-7
　Ⅰ. ①日… Ⅱ. ①冈… ②王… ③郭… Ⅲ. ①日本 -
古代史 - 研究 Ⅳ. ① K313.207
　中国版本图书馆 CIP 数据核字 (2018) 第 117133 号

日本史的诞生

作　　者：冈田英弘
译　　者：王　岚　郭　颖
监　　制：冉子健
丛书策划：冉子健
责任编辑：晏一群
封面设计：周伟伟
责任印制：杨　程
印刷装订：北京盛彩捷印刷有限公司
读者服务：蔡爱霞　郗亚楠
出版发行：海南出版社
总社地址：海口市金盘开发区建设三横路 2 号　邮编：570216
北京地址：北京市朝阳区黄厂路 3 号院 7 号楼 101 室
电　　话：0898-66830929　010-64828814-602
邮　　箱：hnbook@263.net
经　　销：全国新华书店经销
出版日期：2018 年 9 月第 1 版　2018 年 9 月第 1 次印刷
开　　本：787mm×1092mm　1/16
印　　张：16
字　　数：184 千
书　　号：ISBN 978-7-5443-8367-7
定　　价：49.80 元

推荐序

胡令远

　　《日本史的诞生》是日本著名历史学家冈田英弘多年研究成果的撷英集萃之作，其与结构严整、内容厚重的煌煌历史著述虽判然有别，但"形散而神不散"，集中讨论的是日本史"自身"与日本史"诞生"二者之间错综复杂的关系。这就如同一个婴儿的孕育过程与其怎样来到世间一样，两者之间既有联系，又是判然有别的两类事情。探寻作为"客观存在"的历史自身，与难免存在"主观意志"的史书的"诞生"两者之间"剪不断、理还乱"的关系，是一件饶有意味但又十分具有挑战性的工作。因而，探赜索隐、洞幽烛微，去伪存真、去芜取菁，从而达到"拨云见日"的睿智与思辨性，也就自然而然成为这本文集的伴生物和鲜明特色。

　　本书以三本史书——被称为地中海文明"历史之父"的希罗多德编写的《历史》（*Historiai*）、被鲁迅称为"史家之绝唱、无韵之离骚"的《史记》和作为日本第一本"正史"的《日本书纪》——为例证，阐述并强调了作者对"历史诞生"的三个基本观点。

　　首先，冈田认为应该把"国史"（即国别史）放在区域文明中去考察。基于此，日本史与中国文明密不可分，欧洲诸国之间更是如此。这一点在今天也许已经是人们的常识，特别是汤因比的《历史研究》问世之后。但从现实层面看，包括"皇国史观"在内的各种日本文明独特论在今天依然谬种流传，可知冈田先生强调这一点并非过时。

第二，冈田认为"只要是人撰写出来的历史，都带有各自的态度和立场。无论哪一种文明，第一部撰写出来的史书，早已决定了该文明的个性，并能够将这种印象固化，告诉人们他们到底是什么样的一种人"。譬如"希腊人诸城市团结对抗席卷世界的波斯帝国的威胁，于公元前 480 年的萨拉米斯海战中获胜的事件是希罗多德编写《历史》一书的契机。在希罗多德的构想当中，是把世界描绘成亚洲对欧洲、东对西的对立抗争"。"位于地中海文明分水岭的西欧人根深蒂固地认为，历史就是从对立走向统一的过程。好像有一个最后的终点，全世界都朝着这个终点前进。"而司马迁的《史记》，则叙述以汉武帝为中心运转的世界，空间涉及天文、地理、世事；时间则从神话时代的黄帝开始，贯穿五帝、夏、殷商、周、秦，一直到公元前 2 世纪末的当时为止。其叙述的要害和核心问题是"天命"与不变的"正统"。与地中海文明或西欧文明以对立与抗争为历史的本质不同，中国文明的历史借由叙述稳定不变的世界来证明皇权的正统性，其中没有世界从何而来、要往何去的观念。而《日本书纪》是作为公元 660 年天武天皇建国大业的一环开始发起，宣扬天智、天武兄弟的祖先是从天神手中继承正统，一直统治着整个日本列岛。其无视中国的影响，与从中国历史文献中看到的事实完全相反——这是因为撰写《日本书纪》的目的，就是为了证明日本作为一个统一的国家，有着悠久的历史传统，早在公元前 7 世纪，日本便已经统治了整个日本列岛。

冈田认为，正如《史记》的历史书写，决定了之后中国的历史文化。《日本书纪》中表现出的"日本与中国对立""奉天继承独自正统的国家"等封闭思想，永久地决定了日本的性格。他的结论是："无论哪一个文明，最初写下的历史框架，限制了人们的意识，第一部史书决定了国家的个性。"虽然这一结论还有待商榷之处，但它对我们认识和理解一个国家和民族的性格，还是提供了一个可以发人深思的空间与新的视角。

第三，《日本书纪》即"日本史的诞生"，是当时倭国内外情势的产物，并非孤立的现象。即公元前 108 年汉武帝征服了朝鲜半岛之后，日本列岛上的倭人住民就不断受到中国文明的冲击，在其后 800 多年的岁月里，他们在政治、军事和经济上属于亚洲大陆，尚未拥有属于自己的历史。公元 660 年唐朝与新罗联手灭了百济，倭国为了复兴半岛上的这一长期盟友，与唐朝发生了军事冲突，结果在 663 年的白村江之战中惨败并被彻底赶出半岛。对于列岛上的倭人而言，百济是通往世界的窗口，它的存亡对倭人可以说是生死攸关。而且，高句丽王国也于公元 668 年被唐军所灭。至今为止，他们所知的全世界，都被唐朝及其同盟的新罗王国所征服。这种情势对倭国不言而喻是前所未有的重大危机，面对这样的非常事态，他们采取的对策是将日本列岛各地的诸氏族，以倭国王家为中心团结起来，组成统一的国家。于是，继承倭国王家的天智天皇于公元 668 年在近江即位，成了日本第一位天皇。这个"日本"的国号与"天皇"的王号，就是在此时颁布的日本列岛最初的成文法典《近江律令》中制定的。同时，为了主张独自的自我认同，必须要有自己的历史。因此，着手编纂所谓国史——《日本书纪》，也就成为题中应有之义。用现在的话说，就是区域文明与地缘政治孕育和催生了"日本史",而"《日本书纪》反映的是日本国诞生之时的政治需求"。

以上三个基本观点所体现的冈田先生的"史识",从书中看,有两个基本支撑点:其一为方法论的"史料批评",其二是端正"国益"与民族感情。我们看到,冈田在阐述与论证自己的史学观点时,对无论什么资料、包括所谓第一手的资料,都要尽最大可能在两个层面详加考证,一是史实本身,二是这些史实的政治意蕴。譬如,他指出:"我们在使用《日本书纪》中的史料时,唯一的办法就是,在了解到日本7世纪这种建国当时政治形势的基础之上,一条一条地对其学术价值加以甄别与判断。这便是史料批评,是一种历史学的正统研究方法。那些只懂得日本史的史学家们,则往往会被《日本书纪》牵着鼻子走。倘若想要从《日本书纪》的框架之中逃离出来,就必须具备中国史和韩半岛史的基本常识。"同时,他认为:"一个历史学家,如果想撰写一部真正的世界史,那就必须要摒弃所有眼前的利害关系、理想和情感,思辨地对历史脉络加以梳理,对史料加以解释,保持一种融合性的立场。只有在这种立场下书写的历史,才能够超越历史学家个人的意见,成为人人都能够接受的'真实'。日本的历史,也应该如此。"

因此,可以说这部书是一部严肃的史学论著,几乎涉及所有有关历史研究的方法、理论、治学态度,并将其衍化进作者自己的研究过程与结果中,可谓身体力行。要了解真实的日本史,特别是日本史的诞生,这是一本必读书。其实,它给予读者的启迪,远远超过本书的具体内容。

同时,这本书还充满黑色的"历史幽默",作者的睿智,体现在风趣的行文之中。有不少大胆的比喻,在读史书时可以说闻所未闻。这些也许会被人讽为"野狐禅",亦属仁智之见。

本书译者郭颖、王岚两位老师,分别于日本广岛大学和厦门大学取得博士学位,现均执教于厦门大学外文学院。两位老师学养既深湛,又兼才华横溢、译笔如椽,允为此书中译本增色良多。

胡令远:

复旦大学日本研究中心主任、教授,复旦大学国际问题研究院学术委员会主任,上海高校智库"亚太区域合作与治理研究中心"副主任,教育部"两岸和平发展协同创新中心"首席教授,曾任日本东京大学外国人研究员、京都大学客座教授、香港大学客座教授,兼任中华日本学会副会长、中国日本史学会副会长、中华日本学研究学会(香港)副会长、上海市国际关系学会理事等。主要研究方向为当代中日关系、文化·文明与国际政治。学术专著包括《东亚文明的共振与环流》等3部,主编有《战后日本的主要社会思潮与中日关系》《国际化——岛国日本的历史抉择》等6部,发表中、日、英文学术论文60余篇。

目 录
contents

第五章　日本建国前的亚洲局势

第六章　中国眼中的遣唐使

第十三章　关于历史的看法

如何看待日本历史

日本史是世界历史的一部分

✍ 何为历史

日本的历史，本来就应该放到整个世界史之中来撰写。这一点听起来理之当然，但其实却行之不易。

究其原因，主要有以下两点：第一，迄今为止形成的日本史，仅仅是日本一个国家的历史，与日本列岛外面的世界各国是割裂开的；第二，尚未有一部真正意义上的世界史，现有的那些世界史不过是将互不相干的中国史与西欧史，东拼西凑在一起而已。

所谓历史，是指人类用语言表达出来的一种对世界的认知。当然，人类对世界的认知多种多样，历史不应该只是呈现人类现在的感知，那些今人无法亲身感知的古代，同样属于认知的世界。而正是因为过去有着那样的世界，所以现在才会形成这样的世界，最终表达出来的其实是撰写者的主观看法。历史不应该仅仅是单纯记录史实，更应该确立某种态度和立场。

✍ 第一部史书决定了国家的个性

只要是人撰写出来的历史，都带有各自的态度和立场。无论哪一种文明，第一部撰写出来的史书，早已决定了该文明的个性，并能够将这种印象固化，告诉人们他们到底是什么样的一种人。

日本的第一部史书是《日本书纪》，这是作为公元660年天武天皇建国大业的一环开始发起，于公元720年成书。撰写《日本书纪》的目的，就是为了让日本国家的确立毫无争议。其内容表达了这样的立场，即日本作为一个统一的国家，有着悠久的历史传统，早在公元前7世纪起，日本便已经统治了整个日本列岛。

在这部《日本书纪》中，有很多地方与中国及韩半岛的文献资料存在着出入，现在的历史学家们也一致认为与事实不符。然而即便如此，日本史依然难以摆脱《日本书纪》这种框架的影响。为什么这样说呢？因为在公元前7世纪之前，日本列岛上只有这一部本土政治史的文献资料。当然，还有另外一部文献叫《古事记》，后面我们还会再进行详细论述。《古事记》其实是9世纪平安朝初期的一部伪书，其框架与《日本书纪》可谓同出一辙。将两部书加以核对，《古事记》也根本无法逾越《日本书纪》的认知框架。因此，我们在使用《日本书纪》中的史料时，唯一的办法就是，在了解到日本7世纪这种建国当时政治形势的基础之上，一条一条地对其学术价值加以甄别与判断。

这便是史料批评，是一种历史学的正统研究方法。那些只懂得日本史的史学家们，则往往会被《日本书纪》牵着鼻子走。倘若想要从《日本书纪》的框架之中逃离出来，就必须具备中国史和韩半岛史的基本常识。

考古学、语言学和民族学无法替代历史学

❧ 考古学

首先有一点需要注意的是，考古学无法成为历史学替代品。历史是一种用语言来表达的世界观，因此是建立在语言撰写的材料（即文献）基础之上的。

而考古学所处理的对象，是遗物，是一种物质文化的表现，而非语言。就算再精密地去追踪土器式样的变迁，抑或是出土再多的铜铎、铜镜、铜剑、铁剑等文物，只要上面没有文字，或者写有只言片语，但与政治没有直接关系，便无法成为历史的材料。政治将历史变得合理化，而物质文化正好可以任意为其所用。

也就是说，日本列岛的土器文化，即使从绳文土器演变为弥生式土器，但是并不能证明使用这些器皿的人类发生过变化。此外，即使出土人骨的测量值在某一地层出现了变化，但是也并不能说明旧的种族灭亡，新的种族出现。自古以来，祖祖辈辈只要不是家族内部通婚，便根本不存在纯种血统的人类。人类原本就是融合的民族。由于新的遗传基因的加入，体质上才会发生连续的变化。

❧ 语言学、民族学

同理，语言学、民族学等，也是无法取代历史学的。

比较语言学虽然取得了累累硕果，但所谓语言体系，其实只不过是一种语言与另一种语言之间的相似性和偏离性而已，并不代表使用这种

语言的人种的血缘关系。语言不是遗传下来的，而是人呱呱落地之后，从周围接触的人那里所习得而成的。而且，一个人所说的语言，并不仅限于一种语言，不少人能够使用多种语言与不同的人进行交流。因此，人们往往把语言学的系统树，误以为是人类的家谱，将其价值等同于历史的记录，这种想法是不对的。

民族学也是如此。民族文化的类型，指的是现代的民族学家们所观察到的，用以解释其他社会不同人群的行为的学科。观察者不同，其解释也会因人而异。即使在同一社会里，前后两代人的解释也会截然不同。所以，文化类型也是无法使用在历史学之中的。

上述的考古学、语言学和民族学的成果，在撰写历史时也许会受用，但也仅仅只是参考资料而已。我们绝不可能把这些作为主要材料来书写历史。

∞ 神话、意识形态

需要反复强调的是，历史是一种用语言表达出来的世界观，而绝非单纯记录事实。

在这一点上，历史与神话和意识形态有相同之处，但与两者又有着根本性的不同。神话讲述的是世界如何变成现在这个样子。但是，神话的主角——诸神们超越了时间的存在，并不是活在现实中的人们。因此，"很久以前""古代"这种神话的时间，是一种充满任何可能性的时间，而不可能发生在现实世界之中。神话并不是来传达一个过去的世界，而是反映了一个被书写的时代。

意识形态则描绘了未来世界应有的样子，认为现在的世界应该逐渐会发展成这个样子。哪怕意识形态无法适应现实，也不允许进行任何修改。这样一来便会产生一个缺点，就是一旦它不再适应现实，人们便容易落入原理主义的陷阱，认为意识形态是正确的，错误的是现实。就这点来讲，由于历史是基于文献而成，所以经过时间的洗礼，积累的文献越来越多，人们便会不断地进行重新审视，因此便会对其进行理论化的修改，这样一来就能够更好地反映现实。

∽ 材料是中国的正史与《日本书纪》

我们如果想书写日本建国以前合理的历史，主要的材料应该就是以《史记》为首的中国正史，还有《日本书纪》。其他的材料只能成为辅助材料。但是，这种情况下，仅仅从史料中摘取只言片语，而任由想象自由驰骋的话，这样的历史是站不住脚的。任何材料，其信息量都有限度。后人认为极为重要的事物，在当时看来也许根本不值一提，因此很多并没有留下记录。这也是历史的一种局限。我们在了解这种情况之后，利用那些能够为我们所用的史料，在现在的世界中，去描绘出久远之前曾经存在的另外一个世界，这才是历史的真谛之所在。

如果我们尝试书写一部世界史，把日本放到其中一个正确的位置，那么我们就只有突破日本的国史、韩半岛的国史和中国的国史这种框架结构，而从欧亚大陆与日本列岛共通的视角来进行书写。保持这样的一个视角，便理所当然地不会偏向任何一个国家的利害关系，或是国民感情了。现在所说的国家、国民的概念，最早也只能追溯到 18 世纪末。这样一个相对的新鲜物，不适合用来描述从 18 世纪之前一直贯穿到现代的这种整体的历史叙述。

一个历史学家，如果想撰写一部真正的世界史，那就必须要摒弃所有眼前的利害关系、理想和情感，思辨地对历史脉络加以梳理，对史料加以解释，保持一种融合性的立场。只有在这种立场下书写的历史，才能够超越历史学家个人的意见，成为人人都能够接受的"真实"。日本的历史，也应该如此。

另外，本书中对于英语中"Korea"所指的地域，并没有使用"朝鲜"或是"朝鲜半岛"的称呼，而是统一称为"韩半岛"。"朝鲜"这种名称，原本是居住在大同江、汉江溪谷之地居民种族的名称。后来，公元前 195 年，又成了由流亡的中国人建立的王国的国号。公元前 108 年，西汉的汉武帝灭了朝鲜王国，并在此设置了乐浪郡等四郡，之后"朝鲜"人便与中国人同化，并销声匿迹。在马韩、辰韩、弁辰的三韩时代也好，高句丽、百济、新罗的三国时代也好，抑或是在新罗王国统一之后，或是高丽王朝统一之后，这个半岛虽然被称为"三韩"，但并没有被称为"朝鲜"。重新使用"朝鲜"这个名称的，是明太祖洪武皇帝，他于公元 1393 年，为当时取代高丽王朝登上王位的李成桂取了新国号——"朝鲜"。

出于上述这些历史渊源，如果将"朝鲜"或"朝鲜半岛"的名称应用于 14 世纪末以前的话，那便犯了历史性的错误。此外，"韩国"或"大韩"等名称是特别用作"大韩民国"的简称。如果将其用作历史性名称的话，则是一个更大的历史性错误。然而，"韩"一词最早在中国的文献记载中是对种族的名称，加之后来统一半岛的新罗也正是辰韩的直系，故而将其统一之后的领域称为"韩半岛"也并无不妥。这就是我使用"韩半岛"这一名称的原因。

第一章

邪马台国曾为中国的一部分

如何解读《魏书·倭人传》

☞ 邪马台国热潮

　　1945 年以后，《日本书纪》《古事记》这两部建国神话被人们从日本历史中抹去。为填补其间的空白，除了考古发掘的成果外，长期以来无人问津的中国文献史料也得以重见天日，华丽登场。

　　在日本列岛出土的文物中，上面很少写有或刻有文字。即便有，也仅仅是片文只字而已，根本不足以去重新撰写出《日本书纪》等书中的记载。这对于考古学家而言，是一件极其遗憾的事情。脱离了这两部神话，如果想了解日本人的起源，就必须要弄清日本建国的历史。但是历史是用文字串联而成，属于文献学范畴，而非考古学的范畴。如此一来，《魏书·倭人传》等中国的正史便得到了人们的推崇，甚至出现了卑弥呼热潮、邪马台国热潮。

　　《魏书·倭人传》中所描述的 3 世纪的日本列岛景致确实美轮美奂。如"草木茂盛，行不见前人"中描写的倭国自然风景，也有如"男子无大小，皆黥面文身"中记录的倭人风俗，以及"事鬼道，能惑众，年已长大，无夫婿"中提到的邪马台国女王等。这一切都极具吸引力，为我们现代人呈现出了古代应有的样子，带有浓厚的浪漫主义色彩。《魏书·倭人传》一书的确忠实地记录了 3 世纪日本列岛的原貌，无论是历史学的专家，还是普通百姓，基本上都对此深信不疑。而针对那些不符合日本列岛实际地理情况的倭人诸国及相互距离的记录，人们开始热衷于如何将其巧妙利用才能随心所欲地划定邪马台国位置的一种游戏。

ଊ 3 世纪的中国与日本列岛

然而，按照历史学的正确方法，跟其他相比，首先应该思考这些问题，也就是在 3 世纪这个时代，《魏书·倭人传》的成书原因是什么？是如何写成的？《魏书·倭人传》这本文献的本质到底又是什么？《魏书·倭人传》这本书的存在，本身就向我们抛出了一个根本性问题，也就是对于 3 世纪的中国而言，日本列岛究竟意味着什么？如果无视这个问题，而只是在《魏书·倭人传》的框架内部试图复原日本建国前历史的话，无论如何努力尝试也注定只是徒劳一场。

这里的徒劳一场是指从《魏书·倭人传》中是无法完全复原日本历史的。也就是说，《魏书·倭人传》的成书目的并非是为了描述 3 世纪时日本的原貌。事先要声明一下，我并不是违背常识地在这里信口开河。我想说的是，《魏书·倭人传》只是一份关于魏国皇帝和倭人诸国之间政治关系的记录，而其中那些引起人们兴趣的，有关倭国方位及距离风俗等部分，也不过是随手一笔，作者陈寿对日本并没有表示出任何兴趣，当然也没有任何感兴趣的理由，这一点是一目了然的。

不同文化的历史观

ഇ 历史的含义不同

这里需要明确一件事情，那就是"历史"一词，无论在欧洲、日本还是中国，其含义截然不同。在欧洲，早在希罗多德时代就出现了"历史"一词。人类的傲慢自恃招来了众神之怒，而讲述灾难降临过程的便是"历史（History）"。因此，用不着从正面来直接赞美众神之荣耀，在拥有强大意志而能力却又不够强大的人类的衬托下，一种悲壮之美便油然而生。而这一点，纵观所有欧洲史书，恰恰成了里面的一个重要主题。这便是古希腊悲剧。

与此相反，在中国既没有奥林匹斯的众神，也没有耶和华或安拉。有的是"天"，它的意志就是天命，一般都是通过对人间皇帝的态度来向凡间显示自身的存在。可以说，"天命"代表的便是政治。坦白地说，能否成为皇帝，一个重要的资质便是需要拥有获得人民支持的能力，这正是所谓的"受天命"。而记录下皇帝是如何成功证明自己拥有这种资质，或是证明失败的，便叫"历史"。中国史书也正是遵循这种历史的本质而成。

从公元前 1 世纪司马迁所著的《史记》开始，中国的正史主要为纪传体。作为《魏书·倭人传》原典的《三国志》也正是这样一部纪传体的正史。本纪作为其主要部分，记录的是每一位皇帝，但代表的并不是某一个体，而是作为一个政治机关，是如何发挥其职能的。此外，列传也并非我们通常所理解的那样只是个人的传记，而是为了让后人知道那些与皇帝同时代的人们，与皇帝是什么样的一种关系，又为皇帝做过什么事情。

这样一来，那些身处皇帝直接统治领域之外的人们，是作为一个民族被收录进列传部分，并被记录下他们与皇帝是一种什么关系。《倭人传》便是其中之一，《三国志·魏书》中的《东夷传》也属于这样的列传。

正史中列传的一个原则，就是对于某一个特定的人物，无论这个人过着什么样的日子，有着什么样的思想，因为何事而表现出喜怒哀乐，只要与皇帝毫不沾边，便不会被记录。

外民族的列传亦是如此，其目的并不在于记载下他们构建了什么样的社会，拥有什么样的生活模式，说着什么样的语言，而是更看重于他们的民族与中国的皇帝维持着一种什么样的关系，这才是主要的目的。

对于在这种指导方针下写出来的《魏书·倭人传》，我们不能不假思索地全盘接受，甚至以此为根据试图发掘出日本 3 世纪时的幕后真相，从而揭开古代日本史的面纱，这种做法简直就是自不量力。

✍ 真实的含义亦不同

真实是一种相对性的东西，无论东方还是西方，以什么为真实，最终还是靠主观的判断。而其判断标准，也无非是由人来认定什么应该是真实的，这无非也仅仅是一种毫无根据的主观成见而已。而这种成见的不同，在记录事情的时候，便会显现出来。开门见山地讲，日本的杂志经常会翻译并刊登一些欧美国家关于日本的评论等文章，相信所有读过的人应该都会惊讶于他们对事物的理解方式。当然，这并不能说明欧美人有多么无知，而只能说明欧美人与日本人对于同样的事物，其选择真实的标准是不一样的。而中国人和日本人，其标准也不相同。

话说回来，在日本，"历史"不需要讲究什么门道，而只是记录何时何地发生了什么事情，人们也许往往对事件的细节更为关心。自从8世纪《日本书纪》成书以来，日本许多史书都是按照年、月、日的顺序进行罗列，其实也不过是一部详细的年表而已。

这种对于细节的执着，无论是在日本电影还是在电视剧里都表现得淋漓尽致。没有任何故事情节，只是在那里喝喝茶、吃吃饭、打打招呼，日常生活中的一点一滴基本上都是以这种白描式的叙述表现，很少有什么惊心动魄的大事发生。而对于能够不厌其烦地愿意收看这种平淡无奇表演的日本人来说，历史也只是一部"私小说"而已。

由两份资料合成的《倭人传》

∽ 来到倭国的两位魏国官员

仔细想来，之所以会出现邪马台国之争，其实也正反映了《倭人传》的记载不够清楚。《倭人传》开头关于倭国地理位置的记述，实际上与日本的地理并不吻合。所以，还不如先放弃对邪马台国所在地的搜寻。

后面那个关于民风民俗的记载又如何呢？这其实是最有趣，也是人们最津津乐道的部分，但依然不过是杂乱之谈而已。

《魏书·倭人传》全文不足2000字，其中三分之一都是关于民风民俗的记述。但风俗习惯与当地物产的记载交错混杂，令人感到十分零乱。让我们试着将其分割成四个部分，每段200字左右，这样看上去才显得更为流畅有序。所以，作者陈寿一定是从几份不同的资料中截取了部分内容，然后也不管前后是否通顺，就生硬地拼凑在一起。

《倭人传》中最可信的内容应该是魏国与倭国女王之间的关联。而魏国官吏受政府之命，曾两次前往倭国进行旅行。分别是 240 年的梯儁和 247 年的张政。此二人当时一定有向朝廷提交相关的资料，而陈寿使用的正是这两份资料。

✑ 两个派系

当时魏国的高官，与现在日本大学医学部教授极其相似，其跳槽之时会带着一大帮手下共同跳槽。梯儁是带方太守弓遵的手下，张政则为带方太守王颀的手下，由于双方所属派系不同，因此张政不会去参考梯儁的资料，其记录也与之大相径庭。谁知陈寿竟轻易地就把这两份资料合成一份，《倭人传》便这样问世了。

这也正是《魏书·倭人传》不靠谱的原因之所在。其实，旅行者书写的见闻录，往往都不甚可信，也容易被人误解。魏国使者撰写的资料虽然流传至今，但我们依然无法完全加以相信。

《倭人传》的真正价值所在

✑ 中国长达四百多年的影响力

那么，通过《魏书·倭人传》，我们是不是真的就对日本建国时的情况茫无所知？答案并非如此。下面，我将就此进行说明，不过有些话对日本人来说可能并不入耳。但看清事实真相是一件令人痛苦的事情，而即使再不堪听取也无可奈何。

一言以蔽之，日本人在公元前 2 世纪开始就已经受到中国人的影响了，之后至少 400 余年间，一直是以中文为通用语言，并且在中国皇帝的庇护之下过着安定和平的日子。但这一切到了 4 世纪初，由于中国时局发生了剧烈的变动，皇帝权利被削弱，因此日本在政治上不得已开始独自前行，建立了统一的国家，并且萌发了本土的日本文化。

而《魏书·倭人传》的真正价值，正是向世人展示了在如此剧烈的变革之前，倭人在以中国为中心的世界之中，究竟占有何种地位。

∽ 中国的商业路线

在古老的夏、商、周等时代，一般的诸侯列国都是以黄河渡口的洛阳等地为中心。而这些列国最初都是源于在渡口的"商会"。"商会"的头领为"王"，类似于汉莎同盟中的商界大亨（merchant prince）——加盟王国的各个城市之间，唯有通过"往来"的方式才能解决同盟间的种种问题，故而互相称作"王"。"往"与"王"虽然音调不同，但发音是一样的。这便是中国皇帝的原型。

商品流通的路线是以都城为中心向四周扩展。东部的山东半岛、东南部的长江口、南部长江中游地区，还有更为往南的珠江口，这些地方乘船沿着内陆水路就能轻松到达，而古代中国人与古希腊人极其相似，善于对荒蛮之地进行开拓。当然，这也是为了更好地确保更多数量的商品，以满足日益增大的贸易量。

就这样，中国沿着水路不断扩大，而那些荒蛮之地的开拓者，也绝非农民。最初到来的是商人。最初，中国的商人们并没有打算在当地逗留，只要商品贸易一结束便立马走人。有的时候，干脆直接在船上进行贸易交换，甚至不用下船。后来发展到每年都要定期坐船前往交易地点，随着交易量增大，货物变得供不应求，因此不得不等待内陆地区调货过来。慢慢地便建起了宿舍，并逐渐出现了该商行驻扎当地的特派员。

为了确保其生活所需的粮食，当地生产也得到了相应的提高。本来原住民内部并没有明显的阶级差异，而当城市出现之后，原住民的酋长需要代表其部落，与中国的商人进行沟通。随着部落的经济对贸易的依赖程度不断增强，酋长的权利也不断加大，从而成功地通过经济实力统治了内陆部落，最终形成了一个小小的王国。

菲律宾的马尼拉本来是一个由华侨建立起来的城市，但由于西班牙人掌控了其经济命脉从而成功地控制了马尼拉。也就是说，西班牙总督充当了其部落的酋长。而古代韩半岛亦是如此，在平壤建都后，朝鲜王国诞生。

国家为皇帝的私企

ஐ 从朝鲜到日本

中国商人往往都是通过山东半岛越洋跨海抵达朝鲜的。从洛阳沿着黄河三角洲的支流而下抵达山东半岛，然后又从北岸的登州沿着一个个的小岛横跨渤海湾，便来到了辽东半岛的旅顺口。再沿着韩半岛的西岸一直航行就能到大同江流域的平原，这里土地肥沃，更利于粮食调运。平壤正是大同江的渡口，简直是物资集散中心的最佳场所。

就这样，由于中国商人频繁出入，韩半岛得到了开发，而政治权力的萌芽也在孕育，只是中国商人的步伐在平壤便戛然而止。

但其活动已经直接影响到了日本。从平壤南下便是汉江流域，从汉江往南，在名叫忠州的地方翻过一座山便来到了洛东江流域。沿洛东江一路下来便是釜山，从釜山可以经过对马、壱岐进入唐津（即《魏书·倭人传》中的末卢国）。中国的货物正是沿着这条路线流入日本，日本的货物则运到平壤，并进行交易。《魏书·倭人传》中记载的倭国的物产，也正是这种专用于输出的商品。只不过，在这条路线上进行运输的既不是中国人也不是倭人，而是韩半岛南部的原住民，也正是大家听过的"辰国人"。

∽ 中国皇帝制度的建立

在这种政经分离的和平关系得以延续的期间，中国于公元前 2 世纪创立皇帝制度。其强大的政治力量影响到朝鲜王国，对日本也带来了直接的影响。

公元前 221 年，秦始皇统一了中国，并实行了郡县制。谁知 12 年后全国发生了动乱，统一的局面遭到破坏。此后汉朝建立，但皇帝在众诸侯国中，只不过是占有的土地面积最大而已。公元前 180 年，汉文帝继位，在大约 40 年间先后收拾掉了诸国，到公元前 141 年汉武帝继位之时，中原地区重新得到了统一，并正式确立了郡县制。

中国的皇帝，最早的雏形就是定期集市的那些商会老大，也就是古代的王，后来权利变得越来越大。但其本身还是商人，发放"贷款"。政府的收入是"租"。而被征收的农产品，也只是被充作地方县衙的关饷或军费。那些对商品货物所征收的才是课税，商人在通过国境或是交通枢纽、都城的城门需要支付，而这些收入才能进到皇帝的腰包。

因此，在古代中国，收税机关是皇帝专属，而并不属于政府。皇帝的直营事业种类繁多，垄断了食盐、铁、纺织物等的生产，在国内进行贩卖或是出口到国外，从中获得利润。皇帝有时也会将调集的商品租给商人，并收取利息。这样下来，皇帝将赚取的零用钱，主要用在了战争和外交上。也就是说，国家实为皇帝的私营企业。

∽ 作为企业家的皇帝

汉武帝便是一个典型的企业家皇帝。为了在境外诸国从事商品贸易，他派遣了远征军，并实行了郡县制。

其中一支在公元前 111 年，战胜了南越王国。据说南越人是现在越南人的祖先，主要从事东南亚与中国之间的中介贸易。南越被汉武帝接手之后，汉武帝便在向东南亚延伸的路线上设置了郡县，进行商品的集散。

其中，最南边的是日南郡，以今越南中部的顺化、岘港为中心，沿着海岸向南北延伸。这是因为，无论是从马来半岛克拉地峡对面的印度方向，还是从东南亚自古以来人口最多、市场最大的爪哇方向，商船前来停靠的第一个港口就是在越南中部海岸。

郡县制度的本质

ᔕ 皇帝的直辖城市

征服南越的 4 年之后，也就是公元前 108 年，汉朝军队又征服了朝鲜王国，在以平壤为中心的大同江流域设乐浪郡，于是这里成为皇帝的直辖地。不仅是朝鲜王国的旧领地变成了郡县，中国的郡县制还在日本不断延伸。

也就是说，洛东江流域变为真番郡，其主要城市雪县大约置于今天的釜山附近。该郡之外，还有 14 个县，其中的一两个，很有可能位于对岸的北九州。这是当时日本能够与爪哇相媲美的一个地区，也是东亚人口最多的地域之一。日本资本市场自由化程度在这之前便已经相当高了。

下面，让我们就郡县制加以说明。"县"意为皇帝的直辖市，而非自然形成的村落。皇帝从都城派遣军队占领这条贸易路线上重要的商品集散地，也就是定期集市的所在地。在事先把这些铺垫工作准备好之后，就建设了正南正北"井"字格般的道路，并且在每个街区都设了大门，四周还盖了坚固的城墙。城内便成了一个常设的市场，原住民如果想要到里面进行贸易的话，必须先入"会"。这便是所谓的"民"。想要获得这个名称，必须要到"市场办公室"，即县厅进行登记，而后才能获得这种资格。而"民"对于皇帝这个"会长"也必须履行一定的义务。如缴纳会费"租"、分担市场的设备维修劳动。此外，为了保障会员的特权不受那些非会员的原住民，也就是"夷"的干扰，"民"必须要充当保安，也就是有服兵役等义务。

建立在荒芜之地的县城，其性质相当于中国开拓者的桥头堡。县城门上那两扇厚厚的铁门，日落之后便关闭，夜间也禁止外出，违者重罚。

县城周围的原住民已经成为"民"，如果他们要想进入市场，与远道而来的商人进行交易，依然使用自己的土语是无法沟通的。所以，他们便将都城的语言简化，夹杂着土语的只言片语，创造出了一种皮钦语"pidgin Chinese"（皮钦语由不同语言混合而成，多在港口城市用于商贸交易）。这也正是现在汉语中方言的起源。美军占领日本时期，日本也存在这样的娼妓英语"panglish"（日制英语）。其实质都不外乎如此。

于是，更便于商业交易的汉语在亚洲广泛传播开来，几乎没有哪个民族不会说汉语的。当然，日本人的祖先当时也把汉语作为公用语言，与周边的部落进行贸易。这很像现在日本人和韩国人用英语进行交流。不只是《倭人传》，在另外的《魏书·东夷传》一章中记载的韩半岛原住民的语言也都是汉语，这也很好地反映了当时这种情形。

"郡"意为军事管区，郡的太守也就相当于司令官。县与县之间，还有很多地域并没有成为皇帝组织的会员，也就是"夷"。所以，郡太守的一个重要任务就是必须保护好"民"。而对于汉代真番郡太守来说，由于其地处与日本隔岸相望的釜山，所以其最重要的职责就是确保与倭人之间的贸易往来。

∞ 倭人、百余国

由于汉武帝采取的积极的对外政策，使得汉朝财政不振，其后的汉昭帝于公元前82年便废除了活跃了26年之久的真番郡。在这期间与真番郡有贸易往来，并且得到皇帝承认的倭人部落高达百余国之多。而这些部落后来都被乐浪郡接手了。

日中贸易的窗口从眼前的真番郡改到了遥远的乐浪郡，对于那些没有资本实力的小部落来说，每年定期的长途航行令他们感到吃不消。其结果，就使得一些大部落，假借那些得到承认的小部落的名义，对贸易进行了垄断。

最早的就是奴国，它以保存至今的那枚刻有"汉委奴国王"的金印而知名。奴国国王在公元57年并不派使节到乐浪郡，而是直接派往东汉都城洛阳，去进行朝贡。可见，奴国那时已经利用贸易特权完成了王国建设，这也就是灭亡的朝鲜王国的翻版。

日本建国者为华侨

☏ 卑弥呼的出场

倭国的代表商社并不固定，有时会发生窗口单方面擅自进行替换的事情。例如公元107年，也就是奴国国王朝贡正好50年之后，就变成由倭王帅升的使节团前往汉朝进行朝贡。替换的理由不明。日本当时的王权，几乎完全依赖与中国的特殊关系，并没有什么根基。

公元189年，公孙度割据辽东，并将乐浪郡收入麾下。后来，公孙度的儿子公孙康从乐浪郡向南方派遣军队，在汉江流域新设置了带方郡。

带方郡负责与倭人的相关事务，而邪马台女王卑弥呼取代了对汉朝过于谄媚的倭国王，被选为新的友好商社的代表，并享受相当于30国的优惠待遇。这些国家的名字在《倭人传》中都有记载，但是其真实性不能保证。

公孙军阀在公元 238 年被魏所灭，而邪马台国也首次直接与魏国的皇帝进行联系。翌年，女王的使节团抵达洛阳（这次是在带方郡的帮助下），并展示了皇帝万岁的游行。《魏书·倭人传》中记载了相关事情，尽管这只是为了彰显魏国皇帝的丰功伟绩。

晋灭魏之后，邪马台国依然还是商社代表，得以延续下去。公元 266 年，也就是在改朝换代之后的第二年，女王台与的使团，也收到了邀请进入洛阳，而这次则是为了彰显晋朝皇帝的"德被八方"。然而，这时确保皇帝权力的军队已经发生了质的变化，从以前的国民军，变成了由正规军人组成的军队。其中最为精锐的部队，要算派往北部边境防卫，由游牧民族组成的雇佣军。公元 300 年，晋朝发生了由正规军的兵变发展而成的内战，而外族部队也马上卷入其中。其中一支匈奴军在公元 311 年占领洛阳之后，晋王朝一夜之间便分崩离析。而外族军阀之间的抗争一直持续了长达百年之久，这就是"五胡乱华"。

晋朝皇室衰落之后，军队也陷入了恐慌。洛阳城被攻陷的两年之后，晋朝政府在公元 313 年便早早从韩半岛上撤军，并取消了乐浪、带方二郡。这一举动大大影响了原住民的各个国家。在此之前，所谓政治，指的就是与中国皇帝之间的往来，能够从皇帝那儿获取最多优惠待遇者方为"王"。当这种国家体制的核心部分，也就是作为权利之源的皇帝却不复存在了，因此也就不得不放弃依靠中国皇帝的做法，心不甘情不愿地独自前行。于是，这些地区出现了民族文化的萌芽。

✑ 日本人为华侨之后

追溯韩半岛的历史，实际存在的最初的"王"就是百济的近仇首王、新罗的奈勿王，还有日本的仁德天皇。这三个人的在位期间，都是在公元 311 年政变之后，也就是在 4 世纪下半期。这也是第一次成立的、不以中国皇帝为后盾的王权政治。

但是，在这些新兴诸国政府中工作的官吏，却是中国人。也就是所谓的"归化人"，即华侨。与非洲的各独立国一样，身居要职的依然是那些原来统治国过来的。不仅是政治，文化上也是如此。动动脑子我们就会知道，纪贯之早在《古今集》的序言中说得很清楚了，日本第一首和歌的作者，是华侨王仁。

总之，建立日本的是华侨，从文化上来讲，日本人是华侨的子孙。其他亚洲国家也差不多是如此，这无须大惊小怪。而《魏书·倭人传》这部史料，很好地向我们传达了当时的形势。

第二章

邪马台国的位置

《魏书·倭人传》中的邪马台国

∞ 邪马台国位于濑户内海沿岸

《倭人传》是《三国志》第一部《魏书》的第30卷，在《乌丸鲜卑东夷传》一条中，中国的魏皇帝授予女王卑弥呼以"亲魏倭王"的称号，并称其都城为"邪马台国"。据说邪马台国是一个拥有"七万余户"人口的大城市。然而，邪马台国究竟在何方，从古至今，一直存在争议，并为人们所热衷。其中最著名的便是"畿内说"和"九州说"的争论。现如今，每当发现了大规模村落的遗址，便总会有人跳出来坚持认为这里才是卑弥呼的都城。

之所以会产生这样的混乱，是因为《魏书·倭人传》中列举出来的有关倭人诸国的方向和距离，与日本实际上的地理相差甚远。所有人都知道，从中根本无法判断出邪马台国的具体位置。

因此，绞尽脑汁地想要解开这个谜团的人前赴后继。在中国，1里指的是300步，即大约450米。有的人为了将《魏书·倭人传》中过长的里数合理化，刻意地将其中的1里，理解为另外一种更短的"里"，使距离缩小了十分之一。有的人将《魏书·倭人传》中记载的南面以及与南面相接壤各国的方向，转动了90度，认为里面的南，指的其实是东边。更有人认为，书中记载的诸国间的距离，实际上是从北九州一个叫"伊都国"的地方为中心，到四周诸国呈放射状分散的距离。但是，无论哪一种说法，都显得极其牵强，没有一个人能够说出让大家都信服的关于邪马台国的准确位置。

《魏书·倭人传》一书，无论是从其成书经过来看，还是从其使用的史料特点来看，都没有对 3 世纪日本列岛的样子进行真实地描述。所以单纯从《魏书·倭人传》的字面来看，根本无法判断邪马台国的位置。其具体原因，在后面《"亲魏倭王"卑弥呼与西域》一章中将会加以说明。

总之，我们根本无法得知卑弥呼的都城究竟地处何方。然而，就这样束之高阁的话，又于心不忍。反正不管怎样，我们都找不到邪马台国的合理位置，那么不如放手一搏，至少能够了解其大概在哪里。

而从结论来看，既不是在北九州，也不是在畿内，而是在濑户内海西边海岸上的某个地方。当然，得出这个判断，是需要几个先决条件的。其中最重要的一个，就是《魏书·倭人传》中所列举倭人诸国的顺序，反映出的是真实的地理位置。关于这一点，不言而喻。

人为的《魏书·倭人传》

✑ 一部带有政治色彩的著作

65 卷本的《三国志》，是晋朝时的史官陈寿（233—297 年）撰写而成。陈寿原是被魏国吞并的蜀国之人，在同乡中的口碑不佳，总是难以脱颖而出。曹魏被晋朝替代之后，晋朝的高官张华（232—300

年）因欣赏陈寿的才华而任命他为著作郎，并委以撰写《三国志》的重任。

由于《三国志》作者陈寿本人的祖籍，加之其"保护伞"张华得到过晋朝真正创始人司马氏的恩惠，所以《三国志》中的记述，会因司马昭之父司马懿曾掌有魏国大权的政治考虑，不能如实反映历史。《三国志》记载的"东北亚"是晋朝开创的地盘，所以其中《乌丸鲜卑东夷传》的主要目的也是为了给司马懿的伟大功勋唱赞歌。在下一章中将会对此详细进行论述。

《倭人传》是《乌丸鲜卑东夷传》中的一部分，从带方郡到女王卑弥呼的都城邪马台的距离为"万二千余里"。按照当时的里程，从洛阳到乐浪郡为"五千里"。虽然带方郡的具体位置并不确定，但一定是位于汉江河口附近。故从乐浪郡算起的话，应为 550 里。把这段算进去，"亲魏倭王"卑弥呼所在的邪马台国，应该位于距洛阳约 17550 里的位置。

然而，"亲魏大月氏王"韦苏提婆二世所在的蓝氏城，据说位于从洛阳起"万六千三百七十里"的地方。17550 里与 16370 里相差无几。这样来看的话，《魏书·倭人传》中记载的带方郡到邪马台国的距离"万二千余里"，这纯粹是出于政治上的考虑。目的是为了在贵霜相同距离的地方，打造出一个以卑弥呼为君主的国家。

通过张华，陈寿对东北亚的实情早有所知，《魏书·倭人传》中之所以出现如此大的距离差，绝不是因为不确定的消息源而产生谬误的。

不仅仅是距离上，甚至连前往邪马台国的方向都是错误的。据《魏书·倭人传》，从北九州海岸的"末卢国"往东南方陆路行走 500 里，到达"伊都国"，然后继续向东南行走百里到达"奴国"，往东到达"不弥国",然后向南走水路经过 20 天到达"投马国",再向南走 10 天水路、30 天陆路,才能抵达"邪马台国"。

东南、东、南等这些邪马台的方位,如果我们不看距离中的具体数字,邪马台国貌似位于九州的某个地方。殊不知这样的方位,与过大的距离,都是出于政治上的原因。

司马懿当时侍奉的魏明帝,策划了远征辽阳军阀公孙渊的战略。这是由于吴国海上遣使者拉拢公孙渊,企图结成联盟共同对魏。因为对魏国构成了威胁,所以必须要除掉来自背后的威胁。司马懿讨伐了公孙渊,征服了东北亚。为了更好地鼓吹并放大他的功绩,把"亲魏倭王"卑弥呼作为象征,打造出一个位于吴国背后的国家,这样是最行之有效的。所以《魏书·倭人传》中诸国的位置才一个劲地往南延伸。书中的"计其道里,当在会稽、东冶之东"一文很好地证明了这一点。因此,《魏书·倭人传》中倭人三十国的距离和方位,均是存在谬误的,并非是 3 世纪的真实写照。

判断邪马台国位置的方法

☙ 倭人诸国的顺序

《魏书·倭人传》其实是一份站不住脚的史料。不过话说回来,即使倭人诸国的距离和方位不属实,但或许依然可以通过诸国的罗列顺序,来推断出邪马台国的所在。

根据对《魏书·倭人传》的研究,可以确定除了大海之中的对马国和一支国之外，末卢国、伊都国、奴国和不弥国都应该在北九州沿岸。问题是不弥国接下来之后的诸国。不弥国之后是投马国，投马国之后到邪马台国，即使是虚构的，但好歹还写着方位和距离，并断定"自女王国以北，其户数、道里可得略载，其余旁国远绝，不可得详"。

然而，接下来后面的诸国，列举了"次有斯马国。次有已百支国。次有伊邪国。次有都支国。次有弥奴国。次有好古都国。次有不呼国。次有姐奴国。次有对苏国。次有苏奴国。次有呼邑国。次有华奴苏奴国。次有鬼国。次有为吾国。次有鬼奴国。次有邪马国。次有躬臣国。次有巴利国。次有支惟国。次有乌奴国。次有奴国"。对于"奴国"，特意断言为"此女王境界所尽"。并且，还继续写道："其南有狗奴国，男子为王。其官有狗古智卑狗，不属女王。"

这种写法，应该是沿着某种交通路线列出来的。如果我们假设这种写法是将凌乱分布的方位捏造成向着热带一直往南而去的话，那一切就只能以无果而终来收场。不过，如果情况并非如此，如果我们假设其反映的是倭人诸国真实的情况的话，那么这样一条长长的交通路线就只有濑户内海。

于是，第一个问题便是：终点的狗奴国究竟应该放到哪里？《魏书·倭人传》在其他地方有记载：公元 247 年，带方太守王颀履任之时，倭国女王卑弥呼派使者前往报告了与仇人狗奴国男王卑弥弓呼之间的战争。从中，我们可以看出狗奴国与邪马台国女王的确是冤家对头。《魏书·倭人传》中位于邪马台国与狗奴国之间的斯马国到奴国等 21 国的顺序，依据的可能是公元 247 年卑弥呼的那份报告。

邪马台国的消亡与痕迹

∞ 邪马台国的消亡与倭国的出现

关于狗奴国的位置，在此首先想到的是纪伊国。

中国历史上，公元 300 年，赵王司马伦篡位造成了"八王之乱"，晋朝也早已分崩离析。而邪马台国也随之一同从历史的舞台上销声匿迹了。取而代之的，是 4 世纪成为仁德天皇的河内王朝倭国大王，也就是《宋书》中出现在难波的"倭五王"。根据《日本书纪》记载，当时能够与倭国势力抗衡的大国，不外乎纪伊国和吉备国。邪马台国女王势力范围最前线是奴国，濑户内海航线的最东端则是难波，再往前就是邪马台国的对手——狗奴国，也就是纪伊国。

《隋书·东夷列传》中记载，大业三年（607 年），倭王多利思比孤的使者前往隋朝进行朝贡。但《隋书·炀帝纪》中却不是在大业三年，而是在大业四年（608 年）。3 月的条文中记载"百济、倭、赤土、伽罗舍国并遣使贡方物"。列传与帝纪相比，帝纪中都有注明某月某日，所以年份应该会相对准确一些。那时使者带来的国书，便是众所周知的"日出处天子致书日没处天子。无恙乎"。

据说第二年（609 年），隋炀帝派遣文林郎裴清前往倭国。

据《东夷列传》的记载，裴清的路线应该是从百济的竹岛出发，一边南望耽罗国（济州岛），一边经过位于大海中间的都斯麻国（对马岛），向东到达一支国（壹岐岛），或者到达竹斯国（筑紫），或向东到达秦王国，"其人同于华夏，以为夷洲，疑不能明也。"从秦王国又经过十余国，便到达倭国海岸，从那里抵达倭国首都"邪靡堆"。

∞ 推古天皇和圣德太子真的存在吗？

这里，再让我们看一下《日本书纪》，据《推古天皇纪》十五年（607 年）7 月的条文记载，小野臣妹子被遣往"大唐"。翌年（608 年），"大唐使人裴世清"跟随小野臣妹子到达筑紫。据 6 月的条文，"唐客等"停靠于难波的港湾，之后抵达都城。9 月，"唐客裴世清"回国时，小野臣妹子再次陪其共赴归途。

《日本书纪》中的这些记载，有很多存疑之处。首先，是其年代。

上文提到，倭国使者最初到达的时间为公元 607 年，这虽与《隋书·东夷列传》中记载的"大业三年"看似一致，但根据《炀帝纪》记载，实为"大业四年"。此外，根据《东夷列传》，裴清① 返隋时，倭王再次派遣使者，并进贡方物。然而据《炀帝纪》记载，两年后也就是大业六年（610 年）正月条文中的记载"倭国遣使献方物"，这一定指的就是护送裴清的倭国使者。

如此一来，隋使是于公元 609 年到达倭国，当年便回国，并于翌年（610 年）初回到朝廷汇报出使情况。

也就是说，《日本书纪》中的记载，比实际提前了一年。

《隋书》是在公元 636 年唐代时完成的史书，《日本书纪》要比它晚 45 年，于公元 681 年开始编纂，公元 720 年成书。《日本书纪》的编者不清楚小野臣妹子被派往中国的年代，仅参考了《隋书》中的《东夷列

---

① 隋朝使者的名字在《日本书纪》中为"裴世清"，而非"裴清"，这点比《隋书》要准确。虽然正确的名字为"裴世清"，但《隋书》编纂之时，唐代太宗的本名为"世民"，故《隋书》编者出于避讳，省略了"世"一字。

传》，而没有参照《炀帝纪》。因此将年代误以为是"大业三年"，而裴清被派往倭国的第二年（609年）也被误以为是608年。

此外，隋朝的使者始终都称自己为"大唐"的使臣，这一点也略显怪异。这表示《日本书纪》中使用的并非小野臣妹子当时的史料，而是隋灭亡唐代建立后的记录。

还有一点更为奇怪的是，608—610年的倭王应该是男王，连隋朝使臣也有亲自见到本人，并加以确认。然而，《日本书纪》中的记载却是女王推古天皇。

据《隋书·东夷列传》记载，隋文帝在此之前，于开皇二十年（600年）派遣使臣前往倭国。当时的倭王"姓阿每，字多利思比孤，号阿辈鸡弥"。并且传说，王的妻子号鸡弥，太子名为利歌弥多弗利。可见，公元600年时的倭王无论是从名字来看，还是从有妻室这点来看，都无疑是个男子。但《日本书纪》中却记载日本当时是女王推古天皇的天下。有人说这也许是与圣德太子相混淆。但是《隋书》中分明地记载了男王与妻子有一太子，故上面的说法应该站不住脚。

推古天皇和圣德太子在当时是否真的存在呢？对此深表怀疑。

邪马台国变为华侨聚集部落

✍ 倭国中的华侨城市

上面的问题暂且放一边，下面让我们先来提一下秦王国。公元609年的隋朝使臣，见到这个华侨的城市之后，误以为是"夷洲"。而这个

"夷洲"，实为"亶洲"。

《三国志·吴书》的《吴主传》中，吴国孙权于公元 230 年，派将军卫温、诸葛直，率士兵万人漂洋过海寻求夷洲或亶洲。

亶洲位于大海中央。据长者们相传，秦始皇曾派方士徐福带领上千童男童女出海，企图寻求蓬莱仙山与仙药。谁知徐福来到此洲之后不返，繁衍后代增至数万户。这些居民，有的会到会稽（今浙江省绍兴市）贩卖布匹。会稽东县居民出海，有人遇风浪被刮到亶洲。只是，距离较远，吴军难以到达，故得了"夷洲数千人"便返回。

其实，这里的"亶洲"指的是现在的台湾岛，更远处的"亶洲"应该指菲律宾的吕宋岛。

裴清之所以想到了亶洲的传说，也许是因为秦王国居民所说的中文是陕西方言。秦朝的都城是陕西咸阳，所以秦始皇时期派出的童男童女，理应操着一口当时的普通话，即陕西方言。

也就是说，公元 609 年隋朝使臣眼中所见到的是一个华侨的大部落，所以才想到了秦朝徐福的传说，应称其为"亶洲"，但因记忆不清而记成了"夷洲"。

然而，根据《隋书》记载，公元 609 年的隋朝使臣，在竹斯国，也就是现在的博多的下一站，曾经停靠在"秦王国"，之后经过 10 多个国家抵达了倭国的海岸。这条航线的终点站——倭国海岸，也正如《日本书纪》所记，应为难波的港口。

与此同时，据《魏书·倭人传》记载，从应位于博多的奴国出发，经过不弥国、投马国，下面第三个就是邪马台国。邪马台国之后，又经过了 20 个国家，到达的终点是另一个奴国。而这个奴国假如是位于难波港口的话，那么从距离上讲，秦王国大约就是邪马台国。

《魏书·倭人传》中特别记载，倭人国中各自都有市场，互通有无。进行监督的叫"大倭"，也就是倭国的大人。在此，特意表明进行市场监督的是倭人而非华侨，恰恰很好地证明了市场成员为中国商人，倭人各国也以华侨的部落为核心发展而成的。

曾经的"亲魏倭王"卑弥呼的都城，后来变成了被称作"秦王国"的华侨大部落，并保存下来。这一点毫无疑问。

邪马台国在关门海峡附近

ᔕ《雄略天皇纪》中遗留下的邪马台国的痕迹

我们假设秦王国就是邪马台国，其所在位置应该是从博多到难波港口之间的濑户内海航线上，在靠西的岸边。

但是，如果秦王国就等于邪马台国，日本古代记载中则很难找到蛛丝马迹。如果非要举出一个候补的话，也许就是《日本书纪·雄略天皇纪》中的"角国"。其中公元9年的记载中提到：雄略天皇企图亲自征伐新罗。但是神灵阻止了天皇，于是天皇便放弃了亲征，派纪小弓宿祢、苏我韩子宿祢、大伴谈连、小鹿火宿祢等出征。纪小弓宿祢等攻下了新罗，大伴谈连战死，纪小弓宿祢得病身亡。纪小弓宿祢之子纪大磐宿祢听闻父亲的死讯，便亲赴新罗，夺下了小鹿火宿祢手下倭军的指挥权。小鹿火宿祢因此记恨纪大磐宿祢，拉拢苏我韩子宿祢，与纪大磐宿祢反目成仇。

百济王听到了倭军将军间不和的消息，便召集他们进行调停。

然而，他们在途中的河上发生冲突，纪大磐宿祢射杀了苏我韩子宿祢，于是将军们没抵达百济王宫就各自返回了。小鹿火宿祢护送纪小弓宿祢的遗体一起回国，可是中途却独自留在了角国，拒绝与纪大磐宿祢共同侍奉天皇。

这便是"角臣"这个氏族的由来。

《日本书纪》中关于百济、新罗的记载，基本上都是摘自《百济记》《百济本记》《百济新撰》等百济方面的史料。但唯独《雄略天皇纪》中有关倭国的事情记载得极其详细，因此可能难得地摘自日本方面的史料。只不过，雄略天皇九年（465 年）的这个年份不甚可信。

这点先抛开不谈，文中出现的"角国"，也就是周防国（山口县东部）的都浓郡。从《日本书纪》中的记载可以看出，角国应该是濑户内海航线沿岸上的一个重要的停靠地。因此，我们将这里看成是邪马台国的旧址秦王国。

我之前曾经在《倭国》（中公新书，中央公论社，1977 年）一书中，认为邪马台国位于"濑户内海东头畿内的某处"，在此加以订正，应该为濑户内海西部沿岸的关门海峡附近。

第三章

"亲魏倭王"卑弥呼与西域

带有政治意图的《魏书·倭人传》

∞ 中国老江湖书写的史书

邪马台国究竟在哪里？卑弥呼究竟是何许人也？大家看到《魏书·倭人传》时，就连那些平日能够保持理性的人们，也会一下子头脑发热，脸红脖子粗地大肆宣扬自己的主张，自说自话，而不愿去侧耳倾听别人的意见，这种情况令人匪夷所思。当然，日本民族起源的问题，先不说现实意义，百无聊赖之时至少也是一种高雅的消遣方式。特别是因为答案一直不得而知，所以人们只能通过将《魏书·倭人传》中记载的比例进行缩减，将国名按照放射线排列，将方向改变九十度角等方式，来享受这个永远无法解开的死扣。当然，我们这样的历史学家原本也没有资格在这里发牢骚。

《魏书·倭人传》并不是日本人撰写的，而是 3 世纪的中国人陈寿（233—297 年）。他绝对想不到 1700 多年之后，在东海之上的蛮人后裔会如此热衷邪马台国的揭秘游戏。陈寿之所以撰写《倭人传》当然不是为了这个目的，更不是出于个人对倭人的兴趣。

中国人在政治上很有经验。毕竟秦始皇早在公元前 221 年就完成了统一。论政治生活，中国人吃的盐比日本人和欧洲人吃的米都多。在政治的世界，最为强大的武器便是语言。

3 世纪的中国，语言和政治的关系也是如此。《魏书·倭人传》是 65 卷的正史《三国志》的一部分，经过晋朝的公认，并非单纯的史实记载。书写朝廷公认的历史，这正是一种政治色彩浓厚的行为。但是，《三国志》的时代只有短短 60 年（220—280 年），况且陈寿撰写《三国志》是在西晋代魏之后不久。《三国志》中出现的人物大多数还尚在人间，或者其后人正当权，因此必须考虑到方方面面的利益。倘若陈寿完全忠于史实来撰写历史，《三国志》便不可能得到公认，成为正史。《三国志》中出于对当时 3 世纪时政治现实的妥协，很多地方下笔时却不得不戛然而止。即使是重大的历史事件，也往往都是蜻蜓点水，点到为止。所以，一个多世纪之后，消除了这种顾虑，宋人裴松之于公元 429 年书写了《三国志》的注，对于那些陈寿有意回避的史实，引用并增补了大量史料。

ଛ 邪马台国是一大帝国吗?

作为一个对政治敏感度高的人，陈寿能够得到晋朝公认，并在带有如此微妙政治色彩的史书《三国志》之中，专门开辟一小节来记录东边海中小岛上居住的蛮人，这本身就是一件不可思议的事情。那么《魏书·倭人传》的成书目的究竟是什么？如果我们不思考这个问题，而只是抱着一种天真的态度，将其单纯地作为史料记载来进行解读的话，最终必定如雾里看花。也就是说，这种所谓的"邪马台国之争"，之所以闹得沸沸扬扬，就是因为我们不懂得上面这一点。

提到邪马台国，人们就会想到那个神秘女王卑弥呼统治的国家。就在 1700 年以前，有一个拥有 7 万户人口的大国，尽管人们不知道它究竟是在本州还是九州。在由卫兵守候的华丽宫殿之中，有一位年长不嫁、事鬼神道的女王，由上千婢女侍奉，深居宫中，从不见人。她掌控日本列岛 30 国，而魏皇帝还授予其"亲魏倭王"的金印。女王的代官驻扎在北九州伊都国，诸国畏之。

因为自带浪漫光环，所以邪马台国让人们以为是一个真实存在的强大帝国。于是，寻找邪马台国、寻找卑弥呼等游戏出现，《日本书纪》中的大和朝廷与邪马台国是不是同一个？在众神与天皇系谱中有无卑弥呼之名？于是乎，那些离奇古怪的天方夜谭横行于世，十人十说、百人百说，众说纷纭，各持己见。其盛况之空前，从上文便可窥见一斑。

邪马台国之争的误解

ᔎ 实在的天皇与神话的天皇

话说回来，上述邪马台国之争中，如果澄清几个误解的话，会发现其实争论本身也变得毫无意义。

第一个误解，是将《日本书纪》中记载的神话，还有从神武天皇到应神天皇，也就是大和时代的故事，当成是历史上日本列岛 4 世纪以前发生的事实。

公元 681 年，授天武天皇之命，《日本书纪》开始编纂。公元 720年，天武天皇孙女元正天皇在位之时成书。本来，历史容易在政治上被扭曲，在将《日本书纪》作为日本最早的一部历史典籍时，误解更容易产生。在此之前日本列岛究竟是什么样子，在还没有统一概念的时期，再加上公元 672 年发生了"壬申之乱",天武天皇在内乱之中掌握了政权,他与后代书写了《日本书纪》。自古以来,对于现政权来说,不好的东西习惯上都会被删除,而按照自己的利益对历史加以创作。不过,对于较近的时代,尚有很多人证依然在世,所以不能光明正大地说谎,因此天武天皇之父舒明天皇继位的公元 629 年以后的史实,相对来说还是比较客观的。

但是,之前的史实则不然。舒明天皇是从圣德太子之子手中夺过政权的。但是,提到其中的乾坤,往往含糊其辞,我也没有自信能够解释清楚。根据公元 636 年同时期中国撰写的《隋书》的记载,600—610 年,日本列岛上最后的权威酋长是在邪靡堆建都的倭王阿每多利思比孤。而且,确实是一位男王。但据《日本书纪》记载,那个时期却变成了推古天皇,也就是圣德太子的岳母。真相暂且不论,但是就连 7 世纪初这个时间上相差无几的时代,在《日本书纪》中的记载都无法令人相信。

然而,也不能一口断定《日本书纪》中关于舒明天皇之前的记录都是虚构的。根据公元 488 年中国编撰的《宋书》,以及其中引用的公元 478 年倭王武的书信来判断,《日本书纪》中出场的仁德天皇到清宁天皇这七代,也就是所谓的历代河内王朝,是真正存在的倭王。但是,《日本书纪》中记录的事情有很多诡异,失真欠妥之处颇多。

仁德天皇之前的天皇,无论是系谱还是事迹,都是 7 世纪末—8 世纪初编撰《日本书纪》之时,凭空捏造出来的。仁德天皇之父应神天皇原本并非人类,而是敦贺气比神功的祭神。后来又变成了 6 世纪中从越前出来建立新王朝的继体天皇的祖先神,甚至被编入倭王家系谱之中。

应神天皇的父母仲哀天皇与神功皇后，二人出现的时间更为靠后。公元 660 年，齐明天皇为了支援被大唐与新罗联军攻陷的百济，来到博多。此二人首次在宫廷中出场。公元 663 年，白村江之战失利，复兴百济以失败告终之后，天智天皇将二人带回了近江的大津京。

至于初代的神武天皇，是在公元 672 年"壬申之乱"闹得不可开交之时，首先下凡来到人间的一位神灵，《日本书纪》中记载的本身就是一个很好的证明。因此，纠缠于神武天皇、仲哀天皇、神功皇后和应神天皇之间的，也就是所谓的大和朝廷历代物语，绝不是根据 4 世纪之前流传下来的传说书写出来的。当然，这并不是说 3 世纪，也就是卑弥呼生活的那个时代，大和地区没有倭人的酋长。就算确实存在，也与《日本书纪》中描绘的大和朝廷毫无关联，所以想从《日本书纪》中寻找出邪马台国或是卑弥呼的蛛丝马迹，根本就是缘木求鱼。

第二个误解是，天真地以为《魏书·倭人传》作为 3 世纪同时期中国的史料，记录的理应是中国人眼中看到的当时日本列岛的全部情况。即使其中存在一些混淆的传闻，但只要合理地解释并加以修正，就一定能够推断出邪马台国的位置。

∞ 为何没有《西域传》？

本书开头我们曾提到，收录《魏书·倭人传》的《三国志》，并非单纯地对史实加以记录。公元 265 年晋朝建立，统治者为了宣扬其政权的正统性，命当时在朝为官的陈寿编撰《三国志》，可以说，这部典籍本身就是一部带有浓厚政治色彩的作品。加之，晋朝宗室的列祖列宗都身为辅佐魏国的重臣，因此《三国志》中关于魏国历史的这部《魏书》，书写时不得不顾虑到当政皇室，点到为止。

《魏书·倭人传》是《魏书》末卷《乌丸鲜卑东夷传》中的最后一条《倭人传》。说句不好听的，在当时，东北亚都是晋朝皇家的地盘，邪马台国的卑弥呼也只不过是晋朝统治者加强政权的道具而已。出于内政的考量，为了把卑弥呼打造成一个位于远方大国的君主，所以才会授予其"亲魏倭王"的金印。《魏书·倭人传》便正是一部基于上述政治宣传目的书写而成的，而并非对史实原封不动地加以记录。并且，正因如此，才需要在《三国志》中加入《倭人传》一条。

还有一个值得思考的方面是，《乌丸鲜卑东夷传》中记录了居住在东北边境各种族与魏朝政府之间的往来。其实，魏朝与中亚诸国都有着重要的关系，但《三国志》中却没有《西域传》。正如陈寿之所以撰写《乌丸鲜卑东夷传》是事出有因，不能撰写《西域传》同样事出有因。这已经超出了陈寿本人的政治立场，而是关系到晋朝建国的事宜。正是出于这个原因，才不得不将原本微不足道的卑弥呼授予"亲魏倭王"如此高高在上的爵位，也不得已在《倭人传》中将其打造成一个矗立于远方的大国。

一言以蔽之，那个伟大的邪马台国不过是一个辉煌的幻影。3世纪时，在日本列岛上并非真的存在这个国家。

1世纪末—2世纪的西域

将卑弥呼打造成"亲魏倭王"，究竟是出于一种什么样的内幕呢？

下面，让我们先追溯到 1 世纪末的东汉时代。

公元 90 年，东汉大将班超驻扎在天山山脉以南的于阗国，当时贵霜王国的使者不远万里从西方而来，请求迎娶汉朝公主。班超拒绝禀报皇帝，直接将使者赶了回去。贵霜王大怒，命副王率领 7 万大军远征。由于班超手下兵力不足，军中人心惶惶，但班超对手下说："贵霜大军固然人多，但敌军千里之外穿越葱岭，料其不会携带粮草，所以我们又有什么好怕的呢？我军城中粮草充足，只要坚守下去，敌军必定缺粮断水、自动投降。不出数十日，必定拿下。"

贵霜大军入侵，然而班超的城池久攻不破，无法获得任何物资。班超估计敌军粮草将尽，必定从库车国调粮，便早已派兵数百，埋伏在从于阗前往库车的路上。果不其然，贵霜副王派遣骑军，携带金银珠宝前往库车。班超手下将其拦截，全部歼灭，并取其首级，拿去向贵霜副王炫耀。副王大惊，于是向班超求和，领军撤退。之后，东汉与贵霜交好，并定期互派使者。

120—127 年，班超之子班勇也一直活跃在西域前线。《后汉书·西域传》中记载了班勇就任时撰写报告的内容。其中称贵霜帝国为"大月氏国"，其都城"蓝氏城"与东汉都城洛阳相距 16370 里，据说户数 10万，人口数 40 万，兵力 10 余万。贵霜族原本居住在葱岭西边的瓦罕走廊，此时迁都到了迦毕试国，统治着从今天阿富汗、克什米尔到巴基斯坦的区域。从距离上来看，蓝氏城应该是迦毕试国，也就是现在的贝格拉姆城址。贵霜的历史因为记载过少，所以不得而知。到了 2 世纪中叶，贵霜在迦腻色伽王的统治之下，从中亚到南亚一带已经实实在在地发展成了一个大帝国。迦腻色伽王作为佛教的赞助者而闻名，在其统治期间，犍陀罗美术达至鼎盛。

其实，贵霜帝国与后来的邪马台国女王卑弥呼有着深远的渊源。而班超、班勇父子时期，西域的事态与日本列岛的原住民，也曾经对汉朝产生过较大的影响。这便是公元 107 年倭王帅升派使者来访。

班超在公元 73 年出兵西域，叱咤风云 30 年，在公元 102 年回到洛阳不久后，便不幸病逝。当时东汉的汉和帝刘肇的皇后阴氏一族被捕，并惨死狱中。这是因为皇后逐渐被汉和帝冷落，为了重新得宠，不惜施行巫蛊之术进行诅咒，但最终被人告发而锒铛入狱。当然，宫中之事，难辨真伪。抑或只是宫廷斗争的一个牺牲品。不管怎样，阴氏的皇后之位被罢黜，最终落得在牢狱之中香消玉殒。皇后之父也自杀了，其兄弟被流放至今日的越南。

而接替阴氏执掌后宫的，是与阴氏同样系出名门的邓家美人，其名绥，姿颜姝丽，绝异于众。阴皇后被废黜之后，邓绥仍然谨言慎行，并没有急于去扩展邓家的权势，而是克己体下，低调行事，并获得宫中之德望。

三年之后，汉和帝驾崩，邓氏的时代开启了。邓太后迎回了和帝次子刘隆，并养于民间，年方百日之后，立为太子，独揽大权。谁知这个百日皇帝一年后夭折了，谥号"孝殇帝"。

迫不得已，邓太后只得迎入和帝之弟立为安帝，依然临朝听政。邓太后摄政期间时值连年暴雨，年谷歉收。再加上没有了班超，西域诸国叛离。就连有西域都护驻扎的库车国都音信断绝。无奈之下，东汉于公元 107 年不得不放弃了中亚，废除西域都护，撤回了屯田士兵。雪上加霜的是，西北边境的游牧民族羌族，因无法忍受被赶出故地而发起了大规模的起义。此外，居住在东北国境的高句丽一族也逐渐强大起来，并屡屡作乱，大举入侵汉朝边境，进行掠夺。

为了扭转如此逆境，邓太后处决了当时朝廷中地位最高的三公，并换成了自己的亲信，孰料自己的亲信之间竟然发生了内讧。邓太后身为女子之身，在朝前朝后，自然需要服侍的宦官。邓太后掌权之后，宦官势力愈发强大。邓太后一派的官员与宦官反目成仇，企图动用禁卫军将宦官一扫出门。然而，谋变败露，最终被作为一场企图废掉太后与皇帝的篡位阴谋而遭人谴责。

"汉委奴国王"

∽ 金印上的国号

在邓太后时代的半个世纪之前，东汉光武帝于公元 57 年，授予了北九州原住民酋长以"汉委奴国王"的金印。其实，所谓倭王，并不是由日本列岛原住民自发政权形成的国家组织"倭国"的统治者，而是汉朝的皇帝通过在韩半岛上的驻外办事处乐浪郡从有贸易关系的倭人酋长之中，挑选了博多港的酋长，授予"王"的称号，委托其要保护中国商人，并使之成为汉朝人民与倭人进行交流的窗口。这样，倭王就由汉朝一手促成。作为贸易特权的交换，成为倭王的酋长会保护汉朝的利益，类似于现在名誉领事的职位。

之所以采取如此举措，是因为汉光武帝重新统一之前的二十年间连年战乱，汉朝的人口从 6000 万人急剧减少至 1000 多万人。乐浪郡已经无法应付与倭人"百余国"之间的贸易关系。

所谓的"百余国"，并非现代人感觉的那样有政府、有国民、有领土、有国境线的国家。古代汉语中，"国"字同"郭"字，即城郭，也就是围着城墙的城市。而这种"国"原本也是由那些集聚在市场边上的居民们发展而成的。

倭人的"百余国"也是如此。公元前108年，汉武帝征服了朝鲜王国，并在半岛上设置了以乐浪郡为首的四个郡。其后，汉朝商人便开始频频光顾此处，主要是以各地成长起来的市场为中心形成的。虽然是城市但并非国家，更没有国王。这样的一个地方，出现了一位汉朝皇帝来指定的倭王，并独占了汉朝贸易的认可权。倭人的各个城市都必须向博多的倭王缴纳冥加金，从而产生了一种经济分化的格局。

不过，提到金印上的国号，按照东汉的系统，在友好国家中是属于最高等级的。于是，在东汉的推动之下，倭王帅升的使者请见，并献上了160人。

同样的情节，也发生在女王卑弥呼身上。

ဢ 2 世纪后期的大乱

东汉于公元184年爆发了"黄巾之乱"。集中在城市里的贫民，因生活走投无路而起义，引发了全国性的战乱。但起义军的军队装备与军事训练方面远远不及政府军，最后被镇压了，以失败而告终。

谁知，指挥政府军的将军们开始争权夺利，于是洛阳城沦落成为武装政变的舞台。皇帝也形同虚设，全国各地拥有自己部队的将军们纷纷割据混战。

就这样，连年内战消耗了大量的人力，使农业荒废，导致了严重的粮食短缺。人口也由5000多万人一下子减少到不及原来的十分之一，仅为 500 万人。之后的 400 多年间也一直没有从这个打击之中缓过来。其中，华北的曹操占据了一半的人口，为 250 万人，剩下的 150 万人由江南的孙权管辖，还有 100 万人由刘备管辖。

在大动乱与人口骤减的冲击下，一直以来依靠汉朝皇帝而坐享其成的博多倭王，还没反应过来就被赶下了台。这便是《魏书·倭人传》中的"倭国乱，相攻伐历年"。于是，"事鬼道能惑众，年已长大无夫婿"的卑弥呼便被人架出来了。

当时，也就是 190—215 年，"鬼道"一词用来指陕西南部到四川东部之间成立的五斗米道。卑弥呼并不仅仅是一个倭国女萨满，也是中国商人传入日本列岛的秘密结社组织的祭司。因为其凌驾于连接倭人各国市场的华侨网络之上，所以即使没有中国皇帝的庇护，也依然能够维持秩序。

而此时的韩半岛上，乐浪郡变弱，其势力远远不及北部大同江的溪谷。这时，以辽东王自居的公孙度将军去世，其子公孙康继承其位，在汉江的溪谷设立了带方郡这个机构，从半岛的中部、南部贯穿日本列岛，开始着力开拓一条贸易路线。与卑弥呼进行接触的很有可能就是这个带方郡，但是否授予其"国王"的称号则不得而知。

3 世纪的东北亚与中国

∽《三国志》时代

东汉末年，控制着华北平原的曹操，将东汉最后一个皇帝刘协作为傀儡安置于洛阳。曹操手下有一个司令官夏侯渊将军，负责防守西北地区。因为他与曹操是老乡，所以深得信任。公元 219 年，夏侯渊在迎战刘备之时不幸战死沙场。其后，曹操又任命了同族的曹真为将军。曹真出任镇西将军后，在防守西北边境方面卓有成效。

翌年（220 年），曹操病逝。其子曹丕逼东汉皇帝退位，自己登基为帝，建立了魏，史称魏文帝。

曹真在负责西北防务之时，驻扎在荆州一带的是司马懿将军，他是魏文帝继位前的四友之一。此外，驻扎在东南方位、防御吴国孙权的也是魏文帝的族人——曹休。

在此时，如果不充分利用剩下的这些人力，就难以保障军需民食。于是曹操便打通了行政与军事之间的限制，让地方行政长官也兼任军司令官。孰料竟导致各位将军占地割据，培养嫡系部队——军阀由此形成。

想方设法让友好国家派遣使节团前来朝贡，这本来是负责边境的军队司令官登场表现的好机会，而魏文帝时期，在这方面表现最为突出的则是曹真。公元 220 年，魏文帝继位，在曹真的斡旋之下，焉耆（Qarasahr）王、于阗（Khotan）王的使者前来朝贡，公元 222 年，鄯善（楼兰）王、龟兹（Kucina）王、于阗王的使者也来朝贡。魏国向这些国家派遣正式的答礼使，建立外交，并在吐鲁番盆地的交河设置了戊己校尉一职。如此一来，西域诸国派友好使节团来访，这对于刚成立不久的魏王朝来说，无异于一剂强心药。当然，也是必不可少的一环。

魏文帝死于公元 226 年，其子魏明帝 23 岁时便登基。遵魏文帝遗嘱，掌握实权的曹真、曹休、司马懿与掌管禁卫军的陈群四人辅佐新皇帝，这便是集团指导制。

魏明帝统治时期，曹真依然发挥着很大的作用。公元 227 年，焉耆王送其王子前往魏国学习。公元 229 年，大月氏王、波调使者来访。大月氏即贵霜，波调即迦腻色伽三世之后的韦苏提婆二世。

不管怎样，当时的贵霜掌控着庞大的地域。而当贵霜造访，曹魏怎么可能放过如此绝佳的宣传机会呢？韦苏提婆二世被授予了"亲魏大月氏王"的称号，借此向海内外彰显着自己能得到如此大国的支持。这时曹真肯定会身价大涨。

孰知，在公元 231 年取得如此辉煌业绩的曹真撒手人寰。当时蜀国诸葛亮指挥大军越过秦岭山脉，进攻魏国。为了摆脱这个危机，魏明帝让司马懿从南方移驻西安①，负责防守诸葛亮。原本，魏国北方面军应该是曹真长子曹爽来指挥，但因为其年幼无知，所以司马懿便将曹真的地盘暂时加以接管。

诸葛亮于公元 234 年，大举进攻，屯田于渭水之滨。司马懿慎重地避免决战以保存兵力，而诸葛亮此时却死在了五丈原。司马懿闻此讯，便追赶撤退的蜀军。而蜀军虚张声势，摆出一副要反击的阵势，使得司马懿怀疑诸葛亮还活着，便停止了追击。这便是有名的"死诸葛吓走活仲达"。

✍ 东方问题

其后，魏蜀之间处于休战状态，所以西方无战事，魏明帝打算先解决东边的问题。

此时辽阳的公孙氏政权掌握在公孙渊手中。公元 229 年，吴国孙权

---

① 本书由于是文集，作者为叙述方便，部分地名采用现代用语。

正式称帝，并摆出一副与魏国决斗的架势。孙权采取的战略，是从海上袭击魏国的背部。公元232年，他派使者前往辽阳购买军马。魏明帝注意到这一点，便命令军队分陆、海两路讨伐公孙渊，但以失败告终。公孙渊出于自卫的考虑，于公元233年向建业（今南京）派遣使者，提出与吴国联盟。孙权大喜，授予公孙渊以燕王的称号，将1万骑兵与一箱箱金银财宝一起搬运上船，从海上运至辽阳。然而，由于吴国与辽阳相隔较远，一旦有个风吹草动，远水救不了近火，所以公孙渊一开始就根本没有要与吴国联盟的诚意。他扣下了吴人，私吞了金银财宝，并将吴国使都斩首、送往洛阳，以此向魏明帝邀功并求和。

孙权得知此事之后，才发现自己原来被公孙渊耍了。大怒之下，他誓要亲自率兵，从海上出征公孙渊，砍下其项上人头扔到海里喂鱼。但众臣阻拦之下，只得作罢。

被公孙渊扣押的吴国使节团，有四个人逃脱，沿着鸭绿江的上游，潜入了山中的高句丽国，并在东川王的保护之下回国。从此，吴国与高句丽建立联盟，这次由孙权从海上派遣军队给高句丽。然而，东川王斩首了吴国使者，并送往魏国前线指挥部。高句丽以公孙渊为敌，以期讨得魏国的欢心。

在这样的情况之下，魏国担心东北的公孙渊与东南的孙权有朝一日会再次联手。幸亏诸葛亮之死使得西边威胁减少了，于是魏国在公元237年便第二次讨伐公孙渊。

此次是司马懿的亲信毌丘俭将军领兵，他麾军前进，直逼辽阳。但没想到的是，大雨连下十余日，导致辽河水位大涨。魏军行动受阻，无奈之下只得撤退。辽河每逢冬季，水位下降，利于横渡，但不适合军队作战，而到了夏天的雨季又难以渡河，这才使得公孙氏在50年间得以保持独立的地位。

∽ 司马懿的崛起

至此，公孙渊与魏国断交，自封燕王并宣布独立，且再次向吴国提出结盟。公元 238 年，魏明帝从长安召回了司马懿，而司马懿则率领 4 万大军第三次踏上了讨伐公孙渊的征途。当年夏天，大军攻打辽阳城并将其包围。没想到赶上连日大雨，辽河泛滥，魏军的军营被淹。但是司马懿不慌不乱，耐心等到大雨停后安营布阵，然后便不分昼夜地开始攻打。到了秋天，辽阳城中口粮不足，人心惶惶。

时值一颗巨大无比的流星飞过辽阳城，坠落在城外河中。这使得城中大乱，公孙渊也为恐怖所驱，企图与数百骑兵冲破重围，逃往东南，但被魏军所杀。被杀的地点，据说就在流星陨落之处。攻入辽阳城的司马懿，杀掉城中 7000 余人，堆尸成山，以此纪念战争的胜利。这场战役进行的同时，魏军另一支军队从山东半岛渡黄海，然后从韩半岛西岸登陆，占领了乐浪郡、带方郡。这样一来，公孙渊的政权灭亡了，东北亚一带成了司马懿的地盘。

此时，在洛阳，魏明帝大限将至，但他膝下无子，只得将王位传给养子齐王曹芳，并命其伯父燕王曹宇辅佐。魏明帝身边的中书监刘放、中书令孙资，深得信任，朝廷决议的大事，不经二人同意，则无法实施。而二人对燕王曹宇一派的将军们一直颇有微词。某日，燕王派的两位将军，指着大殿前一棵报时用的鸡栖树自言自语道："树倒了的话，这些家伙也长不了吧。"这句话传到刘放、孙资的耳中，他们感到惧怕，担心自身安危，进而说服病榻上的魏明帝，让其免去燕王曹宇之职，由曹真之子曹爽接任。然而，曹爽年幼，难以承担重任，故让成功讨伐公孙渊并踏上归途的司马懿共同辅政。

司马懿从辽阳归来的途中，曹宇尚未被撤职，他命令司马懿不要经过洛阳，直接行至长安。但当司马懿准备奔赴长安之时，他被紧急唤回洛阳，赶在魏明帝驾崩之际，得旨与曹爽二人共同辅佐 8 岁的小皇帝。魏明帝死后，齐王继位。这是公元 239 年的事情。

魏文帝将死之前，曾将魏明帝托付给手下重臣，其中曹真、曹休、陈群已不在世，唯有司马懿堪称元老之首。此外，其固守的地盘加上河南一带，以及后来打下的东北一带，再加上曹真死后受托的西北一带，都变成了囊中之物。于是，他便当之无愧地成为曹魏朝堂第一人。

"亲魏倭王"卑弥呼的诞生

∞ 虚构的大国邪马台

曹爽为了掌控实权，四处笼络人才收为己用。他也专为司马懿设立了太传（魏朝皇帝最高顾问）一职，企图用各种名誉将司马懿捧得高高在上。而邪马台国女王卑弥呼的朝贡，恰恰成为其计划的一部分。

前文说道，曹爽的父亲曹真在西域诸国曾经大显身手，其最大功绩便是促成贵霜王韦苏提婆二世于公元 229 年遣使访魏。魏明帝因此大喜，授予韦苏提婆二世以"亲魏大月氏王"的称号，并昭之于海内外，甚是给曹真长脸。至此，曹爽的魏王朝打算给予司马懿同样的名誉。于是，新划为司马懿势力范围的东北一带的邪马台国女王，被选为"最远方的酋长"。在带方太守刘夏的操作之下，公元 239 年（魏明帝驾崩，齐王继位之年），卑弥呼抵达洛阳，来朝入谒。魏王朝便通过授予卑弥呼与韦苏提婆二世同等级别的"亲魏倭王"称号，给足了司马懿面子。

然而，尚有一事欠妥。"亲魏大月氏王"韦苏提婆二世乃堂堂贵霜帝国之君，而"亲魏倭王"卑弥呼则并非倭人 30 国之王。公元 57 年，被汉武帝授予"汉委奴国王"金印的倭奴国国王的后裔，依然留在伊都国。而狗奴国男王卑弥弓呼也一直与卑弥呼剑拔弩张，更别提统一了。其实，卑弥呼只是作为倭人诸国一个形式上的代表，被魏王选中而已。

只是，"亲魏倭王"称号之前，必须将邪马台国与贵霜帝国一样，打造成为一个远方大国的形象。这全都出自魏朝内政上的考虑，当然也事关曹爽和司马懿的面子问题。至于《魏书·倭人传》中的里程以及诸国户数等，更是属于人为后加之笔。

✂ 邪马台国的距离与方向

下面，将《魏书·倭人传》中从带方郡到邪马台国的路线整理如下：

（1）从带方郡前往倭地，沿着海岸航行，时而向南，时而向东，至狗邪韩国共 7000 余里。

（2）渡一海，行千余里至对马国。

（3）向南渡一海，行千余里至一支国。

（4）渡一海，行千余里至末卢国。

（5）向东南陆地行 500 里至伊都国。

（6）向东南行百里至奴国。

（7）东行百里至不弥国。

（8）向南走水路，行 20 日至投马国。

（9）向南走水路，行 10 日，陆行 1 个月至邪马台国。

（10）从带方郡至女王国 12000 千余里。

（11）倭地周旋可 5000 余里。

也就是说，从韩半岛中部的带方郡出发，到半岛东南端金海的狗邪韩国有 7000 余里，然后至卑弥呼女王的都城邪马台国又有 5000 余里，总共 12000 余里。

魏朝的 1 里为 300 步，1 步为左右脚各走一下的距离，也就是一复步。如果一步按照 1.5 米来算的话，1 里就是 450 米。也就是说，按照这种计算的话，距离带方郡 7000 余里的狗邪韩国大概位于小笠原诸岛，这样一来，韩半岛就变成了如同印度次大陆般巨大的陆地。还有，如果再前行 5000 里的话，那邪马台国居然跑到了关岛附近。无论怎么变换方向，也都会跑到日本列岛外面。

但是，并不是只有《魏书·倭人传》一卷有问题。"倭人传"前面的"韩传"在描述韩半岛南部韩族居住地时，也曾说道"方可四千里"。半岛位于 38 度纬线以南，大小怎么看也就东西 700 里、南北 1000 里。"方可千里"还差不多，可是"方可四千里"的话就出大麻烦了。但是，这些并不是笔误，从带方郡到狗邪韩国若是 7000 余里的话就能说通了。之所以会出现如此离谱的数字，是出于政治上的原因，因为从带方郡到邪马台国是按照 12000 余里来计算的。

一开始我们说过，东汉的西域长官班勇的报告中，贵霜帝国的首都迦毕试国距洛阳 16370 里。邪马台国的话，虽然起点带方郡的具体位置不详，但离乐浪郡的南边应该不远，应该就在汉江溪谷的首尔一带。这里的乐浪郡，据《后汉书·郡国志》中记载，距离洛阳 5000 里。这是一个相当准确的数字。

按照现代铁路里程来计算的话，洛阳到郑州为 74.5 英里，郑州到北京为 431.2 英里，北京到沈阳为 552 英里，沈阳到平壤为 146.6 英里，总共 1204.3 英里，也就是大约 5000 里。这里的 5000 里，再加上《魏书·倭人传》的"12000 余里"，那么从洛阳到邪马台国的距离为 17000 里，这样与贵霜的都城几乎距离相同。

∞ 邪马台国的人口

关于《魏书·倭人传》中的人口，数据也同样是存在疑问的。下面，将诸国的户数列举如下：

（1）对马国 …………1000 余户

（2）一支国 …………3000 余户

（3）末卢国 …………4000 余户

（4）伊都国 …………1000 余户

（5）奴　国 …………2 万余户

（6）不弥国 …………1000 余户

（7）投马国 …………5 万余户

（8）邪马台国 …………7 万余户

这些加起来总共 15 万余户，能够与贵霜的 10 万户相匹敌。特别是卑弥呼女王的都城有 7 万余户，对于当时人口骤减的魏国来说，堪称一个让人震惊的巨大数字。《晋书·地理志》中记载，包括洛阳在内的河南郡户数，12 个县为 14400 户。仅洛阳一地恐怕不足 10 万户，也就与邪马台国的 7 万余户同属一个级别。

就这样，倭国户口的数字，只是为了支持来自远方的大国之君卑弥呼这个虚构的人物而构建出来的。所以无论怎样从中寻求真相，无异于缘木求鱼。

《魏书·倭人传》中写道，一直往南行进便抵达邪马台国，"计其道里，当在会稽东冶之东"。这与今天的福建省福州市同处在北纬 26 度线上，很明显与事实相悖。

上面曾经提到过，司马懿讨伐公孙渊，是由于吴国想从海上袭击魏国的背部。如果司马懿讨伐成功，新晋的友好邻邦邪马台国，便成为吴国背后的一个国家，魏通过邪马台国就能够使得吴国也尝到背后受敌的威胁。这样一来，就更能彰显司马懿的丰功伟绩。正是出于这样一种政治上的意图，才会人为地去构建邪马台国的具体方位。

晋朝的建立

曹爽为了从司马懿手中收回曾经是其父曹真地盘的西北地区，于公元 244 年率领 10 余万大军从长安出发，讨伐蜀国。当然，司马懿极力反对，认为此举过于危险。而曹爽也毫无作战之意，于是为避免与蜀军当面交锋，就直接撤退了。也就是说，这不过是一种企图清理司马懿亲信的障眼法罢了。

与此相对，司马懿自然不认输。那一年起，到公元 246 年，司马懿令手下册丘俭，对东北境外各民族采取了一场大规模的军事行动。魏军占领了高句丽的都城，吓跑了国王，而他们的进攻也殃及了夫余、沃沮、挹娄、濊、韩诸国。倭女王卑弥呼的大夫难升米被授予黄幢（军旗），这也正是其战略的一部分。这样一来，司马懿不仅巩固了东北的阵地，同时也炫耀了战功，成为与曹爽一派斗争的重要砝码。

后来，当卑弥呼于公元 247 年死去后，同族 13 岁的少女台与被立为女王。

这时，司马懿遇到了一件"天上掉馅饼"的好事。已满 16 岁的皇帝，为了笼络同辈的小伙伴而沉溺于粗暴的游戏，结果，一直守在皇帝身边的曹爽一派的大臣们被问责。而司马懿则利用皇太后与当今圣上毫无血缘关系，暗中勾结。公元 249 年，在卑弥呼死后第二年的正月里，魏明帝忌日的那天，皇帝与曹爽一起出洛阳城，渡过城南的洛河，来到大石山脚下的魏明帝墓高平陵进行祭拜，就在祭拜期间，司马懿与皇太后发动了政变。他们将洛阳城门关闭，占领了武器仓库，接收了近卫队的指挥权，并要求皇帝免去曹爽一系的官职。此举成功之后，曹爽派系无一幸免，被关入大牢，以砍头草草收场。

公元 249 年的这场政变，使得魏朝的大权全都掌握在司马懿手中。但是，当时 71 岁的司马懿年事已高，两年后（251 年）病逝，其长子司马师继承其职。公元 255 年，司马师死后，其弟司马昭接掌大权。

《晋书·四夷列传》中写道，倭人"及文帝（司马昭）作相，又数至"，故邪马台国女王与司马家关系密切，且一直保持往来。

公元 265 年，司马昭死后，其子司马炎废傀儡偏魏元帝，自立为帝，建立了晋朝。这便是晋武帝。倭女王于第二年也马上遣使者入晋，以表祝贺之意。

这样来看，其实是公元 249 年的那场政变为晋朝的建立奠定了基础。而对公孙渊的讨伐和对东北地盘的占有，也正是其成功不可或缺的保障。就是在这样的大环境之下，《魏书·倭人传》才得以问世。

晋朝年间，东北一直被当作皇家创建之地，并得到相当的重视。有一人，名卫瓘，当出征魏国的将军们上演自相残杀的闹剧而导致远征军陷入混乱之际，收拾残局有功。鉴于其手段高明，他在 271—278 年被派往北方，负责治理东北边疆。他在任期间，东夷诸国的朝贡使节几乎每年都会到洛阳访问晋朝。

《三国志》的成书原委

∞ 张华的活跃

继卫瓘之后，在治理东北边疆方面做得最有起色的要数张华（232—300 年）。张华是范阳方城（今河北固安）人，年幼因家境贫困当过羊倌，同乡刘放因爱其才而将女儿许配给他，在这个机缘之下，他后来任司马昭的秘书郎。晋武帝开创晋朝之后，他又被任命为中书令，经常参与重要决议。

但是，因其声名显赫而被大族所嫉恨，他被调至东北边境任司令官。公元 282—287 年，他以"持节、都督幽州诸军事、领乌桓校尉、安北将军"之头衔出镇幽州。其结果在《晋书·张华列传》中有记载："东夷马韩新弥诸国，依山带海去州四千余里，历世未附者二十余国，并遣使朝献。"可见，晋朝势力已深入到了韩半岛。

可是，由于大功著于天下，张华再次被看成眼中钉，又被召回京城。晋武帝死后，晋惠帝继位，其妻贾皇后与掌握实权的晋武帝遗孀杨太后反目。公元 291 年，贾皇后率领军队发起政变，歼灭杨家。而此次政变，张华也有参与，后身居皇帝中书监，掌有中央实权。孰料，在公元 300 年又一场政变之中，贾皇后被打压，张华最终也难逃杀身之祸。

∞《三国志》作者陈寿

《三国志》作者陈寿正是受到了张华的庇护。陈寿乃蜀国人，本身居官职，在为父服丧期间，身患重病，便令侍女制药丸。儒家有"三年之丧"之说，也就是说 36 个月里必须守于庐中，深居简出，不能与人来往。居庐守制期间，不得同房。陈寿卧病在床时，曾让异性进入居室。前来探望陈寿的访客见此，便四处散布，陈寿因此遭到排挤，丢了乌纱帽。蜀灭亡后，他也深受此事影响而未能复官。然而张华爱惜其才，便向朝廷举荐陈寿，任命他为编纂官，撰写《三国志》。

张华原本有意推荐陈寿为晋武帝的秘书郎，但遭到其对手的阻挠而未能如愿。在灭吴有功的杜预大将军的推荐之下，陈寿终于当上了"法务顾问官"。然而，好景不长，因为其母身亡，又必须弃职。陈寿的母亲临死时，曾遗言要葬于洛阳，陈寿便遵照办理。但因其未将母亲归葬于故乡蜀国而不合礼仪，于是又遭到贬议。若干年之后，陈寿被任命为太子中庶子，但还未到职，就病死了。此时，张华于公元 290 年发动政变，返回中央政界，大权在握。因张华撑腰，陈寿撰写的《三国志》才得以被朝廷承认，列为前代国史，并流传至今日。

《三国志》正是在这样的情况之下诞生的，就作者陈寿的立场而言，其中一部分的《魏书·倭人传》，即便是事实，如果关系到晋王朝的名誉，便不能写；同样，即便是谎言，如果政治上需要，也不得不写。因为不这样做的话，自己的老大张华就一定会受到牵连。《三国志》的《魏书》中，之所以只有《乌丸鲜卑东夷传》，而无《西域传》，也同样出于这个原因。

如果撰写《西域传》的话，则必会涉及"亲魏大月氏王"韦苏提婆二世，如此一来，则不得不提到曹真的功勋，也就是司马懿武力推翻的政敌曹爽之父。因此，陈寿是不能撰写《西域传》的。

而《乌丸鲜卑东夷传》则不同，其讲述的对象东北亚民族所在的地区正是以前公孙渊的地盘。所以，与讨伐公孙渊而接管其地盘的司马懿也深有渊源。而其中的倭人一项中，对于"亲魏倭王"的讲述也是必不可少的。

ல 深谙日本实情的陈寿

"亲魏倭王"象征了司马懿讨伐公孙渊的战功，以及辅政新皇帝曹芳的辉煌事迹。这与之后司马懿的政变（249 年）和晋朝的建立（265 年），都息息相关。对晋武帝而言，对张华而言，对陈寿而言，倭王访魏都称得上是一件意义重大的事件。

而且，陈寿的上司张华，对东北亚诸事了如指掌。张华任东北总指挥之后，也成功地将大晋王朝的势力扩大到了韩半岛南部的马韩诸国。张华与引荐陈寿的杜预也有深交，而在张华的庇护之下才有幸撰写《三国志》的陈寿，想必对日本列岛的实情也有所耳闻。

陈寿在《三国志·魏书·明帝纪》中，描写魏明帝与司马懿商谈讨伐公孙渊的战术时，用过"四千里征伐"的表述。这正是从洛阳到辽阳的距离，极为准确。前面说过，如果换算成现代铁路里程的话，洛阳—郑州—北京—辽阳之间的距离应共计 1057.7 英里，如果沈阳至辽阳之间为 40 英里的话，那就可以换算为 3900 里。

此外，《晋书·张华列传》中将北京至韩半岛南部马韩诸国的距离描述为"四千余里"。《晋书》本身成书于唐代，比较新，但这条记录是根据张华自己的报告写成的。这里的数字是正确的，再按照铁路里程换算，那么从辽阳到乐浪郡所在的平壤约为 1100 里，从洛阳至平壤则为 5000 里。与陈寿同时代的司马彪撰写的《后汉书·郡国传》中也记载了乐浪郡位于洛阳东北 5000 里，说明当时的人懂得精确地计算里程。反正，基于这些离北京"四千余里"进行测量，距离平壤 1000 里的地方为马韩的话，那么这一定距离韩半岛南端很近。

这些先暂且不提，陈寿在《乌丸鲜卑东夷传》中，将带方郡以南韩半岛的大小距离夸张地放大了 4 倍，将面积夸大成了 16 倍，因此《倭人传》中无法写出邪马台国真实的样子。因为事关司马懿的名誉，甚至与皇帝的名誉有关，这成为一个很大的政治问题。因此，陈寿使用的是司马懿杜撰出来的有关 239 年授予卑弥呼"亲魏倭王"的伪报告。这对于陈寿而言，也许是唯一明哲保身之法。《魏书·倭人传》就是在这种情况之下，虚构了具体的里程、户数、方位，并且传至今日。

伟大的邪马台国的神秘女王卑弥呼，其实是在 3 世纪出于政治需要而被虚构出来的一个幻影。在日本列岛的某处，有一位老巫女，被称为卑弥呼，而其居住的村庄就位于邪马台国，这个地名也许是真实的。

另外，利用卑弥呼宗教性的权威，晋朝统治者选卑弥呼为代表，说白了就是将卑弥呼当作晋朝的名誉总领事。但是，在同时代的倭人看来，女王卑弥呼实际上到底有多大的权利，这在《魏书·倭人传》中是无从得知的。更何况《魏书·倭人传》中关于方位的记录，无论横看竖看，根本就不可能确定邪马台国究竟位于何处。

其实《日本书纪》的成书，同样是 7 世纪末到 8 世纪初日本列岛政治局势的产物，而并没有记录 7 世纪初真实的样子。先不提事迹，就王朝系谱而言，从 4 世纪末的仁德天皇往上推，包括之前大和时代的天皇，也全部是虚构的，不过是 7 世纪人们最新创作出来的。

大和朝廷并不存在，至少《日本书纪》中出现的那些天皇们其实根本就不存在。

如此看来，论述邪马台国与大和朝廷是否一样，成了一件完全没有意义的事情。此外，论述卑弥呼是否为天照大神、倭迹迹日百袭姬、倭姬和神功皇后，也是没有意义的。一言概之，作为都城的邪马台国，其实是不存在的。

第四章

倭人与丝绸之路

中国的对外通道

✂ 倭人与地中海相连

丝绸之路的英语"Silk Road",貌似是日本式说法。英语中一般称为"Silk Route"。1910 年,德国学者阿尔伯特·赫尔曼在其《中国与叙利亚间的古代丝路》一书中,使用了此词,并广为传播开来。德语中"丝绸之路"是 Seidenstrasse,其日语译文为 Silk Road,所以英语也变成了 Silk Road。

这里的丝绸之路,指的是中国特产丝绸通过中亚陆路运往罗马帝国的一条路线。公元 2 世纪,活跃在埃及亚历山大的希腊地理学家托勒密在书中曾说明,罗马帝国东方行省的首都,位于地中海的安提俄克市(即现在土耳其安塔基亚),一直通往叙利亚、伊拉克北部,向东横跨伊朗高原,翻过葱岭,越过一个叫"石塔"的地方,来到现在新疆维吾尔自治区的喀什。然后从这里绕过塔克拉玛干沙漠边缘,北路走天山南麓,南路走阿尔金山脉北麓,往东前进,从玉门关进入甘肃回廊,到达"首都赛拉(Sera Metropolis)",也就是到达了汉代首都长安(今西安)。其实,西汉时期首都为长安,托勒密的时代为东汉,都城已迁至洛阳。

然而,丝绸之路的终点其实并不是西安、洛阳。而是从这里开始,利用贯穿中国的条条大川,连接到更大的商业交通网之中。另外一条,是延伸到了遥远的东方，穿越韩半岛，到达日本列岛。

也就是说，弥生时代的倭人诸国，已经间接地与地中海世界连接在一起了。

那么，下面就来谈谈，这种性质的国际贸易路线，究竟给日本带来了什么样的命运。

📖 以黄河中游为中心的水路

长城西边从甘肃省的北部开始，将宁夏回族自治区、陕西省、山西省，与内蒙古自治区隔离开来。这条线正是汉族居住地北边一条天然的分界线。然而，并不是说有了长城这条线，线内的汉族人不出去，线外来自蒙古高原的游牧民族的人也进不来。实际上，长城更像是两种生活状态之间的一条分界线。

那么，长城两边的不同世界，到底哪里最为不同呢？应该要算交通方式的不同。以北，交通方式主要为陆路；以南，历来就是汉民族的地盘，基本上是以水路交通为主。这也就是为何会说中华文明是在黄河峡谷中繁荣起来的原因。

然而，造化弄人，有史以来，黄河给中国人带来了数不尽的灾难与麻烦。首先，黄河阻碍了南北的交通，黄河源于青海省巴颜喀拉山脉，向北流入蒙古高原，然后转向东流。很久以前，黄河就这样一直向东流，然后在北京附近流入渤海湾。后来，由于地表倾斜发生变化，黄河中段流向变为向南，形成湍流，冲击秦岭山脉，夺走了自古的渭河河道，直奔向东。河流一泻千里，两岸又是容易被水侵蚀的黄土层，所以垂直向下冲击出高达百米以上的悬崖峭壁，形成了一道不可逾越的天堑。

但流入河南之后，从洛阳北部开始，两边开始变得低缓，流经平原后水流减慢。与此同时，溶于水中的黄土大量增加，一到汛期，开封以东的河北、山东平原地区，远远看去，一望无际都是浑浊的土黄色。人们连居住都困难，更谈不上交通发达了。

幸运的是，唯独洛阳往东，至开封之间不到 200 公里的河段，两岸地势平缓，河道稳定。水流也不湍急，利于横渡。

因此，自古以来贯穿中国南北的交通线路，主要都集中在这一段，然后再逐渐散开。这也就是为什么黄河中游的峡谷成为中华文明发祥地的原因之所在。

∽ 从洛阳发出的贸易网

在黄河中游，位于枢纽位置的便是东汉都城洛阳。

从这里向北，在孟津渡口横跨黄河，在太行山脉南端，登上著名的羊肠坂，过了山西高原向北，经过太原市，出了雁门关，便进入大同盆地，到达内蒙古。从内蒙古向西，绕过阴山山脉北部，直达天山山脉东侧。过了天山北麓是西突厥斯坦，这之后就是通往俄罗斯南部或伊朗的路线，托勒密的地理书中虽然没有记载，但这其实也是丝绸之路的一部分。对于草原人民来说，这段才是属于他们的主要的丝绸之路。

还有一条路线，是从内蒙古开始，穿过戈壁沙漠的西北部，离开色楞格河流域。然后再往西，越过杭爱山、阿尔泰山，可以到达天山北路；也可沿着色楞格河而下，途经贝加尔湖、安加拉河、叶尼塞河、鄂毕河、托木河与西伯利亚的大川，越过乌拉尔山脉，进入伏尔加河，在顿河处通往黑海，也可以通往波罗的海。

下面，再让我们回到洛阳，沿着太行山脉的东麓往北，在北京分为三路。往西北走，是居庸关、张家口，之后便能到达蒙古高原；往东北走，从滦河峡谷到大凌河往下，便来到辽河三角洲；往北走，绕回上游渡河，是沈阳市，南下便到了辽阳市，再往东南走便进入了韩半岛，直达位于大同江峡谷的平壤市。另外，也可以从沈阳继续向东北，沿着松花江进入阿穆尔河，抵达库页岛。

上述这些黄河以北的古贸易路线，一大特点就是，由于无法利用水路，所以基本上都是走陆路。然而黄河以南，利用水路可以通往任何地方。这正是汉族本来的一种生存环境。

中国王朝的建立

✍ 内陆船运

在洛阳附近，挨着黄河南岸有一个小小的盆地，无水灾之虞。在远古时期，人们可以通过原始的技术进行排水灌溉，对保证最低限度的都市生活而言，这块地足够维系一定的农耕活动。可是，有了农耕并不代表就有了都市。

都市产生的契机是商业，只有形成了商业都市圈，农村才会发展起来，其先后顺序是不能颠倒的。

洛阳盆地，位于秦岭山脉东端。这里向东南越过嵩山，便是一个名叫"禹县"的城镇。再往东，是一个名叫"杞县"的城镇。这两个地方作为夏朝的古城而闻名。

无论是禹县还是杞县，都是淮河支流的发源地。从这里坐船，下到东南，可到安徽、江苏的水乡。这里由于是黄河、淮河和长江下游交汇的三角洲，有着星罗棋布般相互交错的支流与湖沼，如果能被充分利用，北边可达山东泰山山系，南边可达浙江省杭州湾，坐着船便可以到达任意内陆地区。

洛阳南边有一个历史名城南阳，早在夏朝就已是一个大型商业城市。从这里坐船沿着白河进入汉江的中游，沿着汉江能一直到达长江中游。这里也是一个横跨湘、鄂二省的大水乡。从长江到洞庭湖，然后沿着湘江一直向南走到头，便来到了广西壮族自治区兴安县的平地，与漓江上游近在咫尺。

秦始皇于公元前 214 年，开辟了灵渠，实现了水路通航。此前的河道虽然只有 30 公里，但可想象昔日此处必是繁华的主干道。漓江进入桂林市后为桂江，进入梧州市后为西江，进入广东省后继续东流，在进入广州市后流入南海。

广州原本就是中国主要的贸易港口，从这里出发沿着越南海岸，可以通往马来半岛，然后经过克拉地峡或马六甲海峡，能到达安达曼、尼科巴、锡兰、南印度，也可以从恒河来到北印度、旁遮普、克什米尔、阿富汗，与丝绸之路汇合。在港口阿里卡曼陀曾发现过罗马商人城市的遗迹。

也就是说，南阳市流出的水系，经过南印度、阿拉伯、红海、埃及，能连接到地中海。除此之外，位于汉江上游的陕西古城褒城，也是夏朝时的某一支族人曾经的居住之地。这里向北越过秦岭山脉，便踏上了托勒密地理书中记载的丝绸之路。

夏朝的古城，所处的地点几乎都是贸易之地。南方北上的人，被山阻挡后，不得不从船上下来，就地定居，并开始与北方南下而来的人们进行贸易。洛阳便位于黄河渡口的附近。

关于夏朝的神话传说中，龙是必不可少的。龙（dragon）原为东南亚的水神，其名称与意为水路的江（kran）同源。泰语中表示"沟渠"的"คลอง"一词，也是一样的。其实，夏朝正是那些从事稻作、坐船航行于各个江河湖海的人建立起来的。

∽ 中原人这个人种是不存在的

后来，北方的殷人来袭，征服了夏朝，掌控了商业网络。

殷人原本是活动在山西高原与南北亚相连的森林地带的一个狩猎民族。一开始就是所谓的"北狄"，他们采用了夏朝的语言，并且使汉字得到进一步丰富。

殷王朝，后来被"西戎"建立的周朝取代，而之后又取代周朝的秦，其实也是同样出身于游牧民族的"西戎"。与此相对，还有一个"东夷"。"夷"本身与"低""底"字同音，多指山东、安徽、江苏等地水乡地带的原住民。其文化与南蛮并无二致。

蛮、夷、戎、狄各民族之间开始接触后，位于其间的地带由于便于交易，就成了都市。不论出身哪个民族，那些过上了都市生活的人们后来就成了中原人。

有意思的一点是，殷本名为"商"，殷人也就是"商人"；"狄"也与表示贸易、交易的"易"字同音，表示买卖。黄河以南的商人为夏朝人，黄河以北的商人为狄人，而洛阳则正处在东南亚系商圈与东北亚系商圈的交界处。

中国古代商圈的经营方式，融合了上面这两个性质截然不同的商圈，向那些位于从都城沿水路延伸的贸易路线上的重要之地，分批遣送军队，盖建城镇，开垦农园，并控制了当地的商品集散。

这也就是所谓的县城，"县"就是直属于都城的意思。如果离都城太远的话，也称不上直属。而在交通枢纽上，当权者选定了十几个县，设置了各方面的司令部，让其率领常备军充当贸易路线的保卫。这便是郡，"郡"同"群""军"字，有常备军之意。郡的司令官若是世袭的话便为分封制，若是任命的话便是郡县制。

中原地区基本上是由这样的水路和县城的点与线组成的，并非一整面。县城之间为蛮荒之地，也是夷狄所在之地。县城的四堵城墙之内的人说着都城的语言，哪怕出身于城外蛮人，也算是中原人。

概言之，中原人并非一个人种，而是一种与都城之王或皇帝缔结了君臣契约关系的政治观念，同时也是一种住在城里说汉语写汉字的文化观念。

从韩半岛到日本列岛的贸易之路

∽ 从中国到韩半岛

那么，这条纵穿韩半岛到达日本列岛的路线，究竟是如何沿伸开来的？如前所述，从洛阳往北经过北京、辽阳到达平壤，全部为陆路，根本就没有适合航行的河流。所以，这一带原本为狩猎民族北狄殷人的地盘。现在，沿着这条线上出土了大量殷朝后期到西周前期的文物。殷朝王族仁人箕子之传说，以及殷朝遗老伯夷、叔齐二子之传说，也都以此处为舞台的。

特别是箕子，据说被册封于朝鲜，是第一个将文化传播到韩半岛的人。后来，越人也来到了韩半岛。传说越人乃夏人之后，是一支拥有东南亚流派文化的海洋民族，住在华南浙江海岸。公元前473年，越王勾践打败了吴王夫差，然后一路北上，在山东半岛南岸，也就是现在青岛附近的琅琊山之地定都。

此处是当时华北唯一的天然良港，如果在胶州湾利用胶莱河，坐船跨过山东半岛，就能到渤海湾，也可以与山东的齐国、河北的燕国进行贸易。而且，从山东半岛北岸的登州出发，经过庙岛群岛，能到达辽东半岛上的旅顺口。从这里向东，进入大同江口便能抵达平壤。琅琊地处泰山山地南侧，冬天西北风被遮住，气温比其他地方要高出5摄氏度。再加上山东半岛附近的寒暖流相遇，形成渔场。鱼类繁多，这对南方系的民族而言，简直是再适合不过了。

在这一个半世纪里，越王国在琅琊之地繁荣昌盛起来，但在公元前333年被楚国所灭，越人不得不四处逃亡。而在此之前，越人应该不可能没有到过平壤以南的韩半岛。

从平壤沿大同江而下，在支流载宁江处再南上，然后顺着支流瑞兴江东上。在车岭越过灭恶山脉，便来到礼成江。沿着礼成江而下，就到了江华湾，这时在右边能看到江华岛。到了汉江口，左边是首尔，右边是广州城。沿着汉江一直向南，便到了忠州城。从忠州城在鸟岭越过小白山脉，就来到闻庆城。从闻庆城沿着洛东江而下，在釜山一出海峡，便能看到对马岛。

๑ 从韩半岛到日本列岛

从对马经过壹岐，进入博多湾，在濑户内海向东航行便到达了大阪湾。可见，从平壤到大阪，只靠船运便可轻松到达。特别是从平壤到釜山的内陆水路，其性质与华中华南极为相同。沿着韩半岛西岸，乘船而下，会发现潮汐涨落，河水会从 7 米涨到 10 米。海岸线凹凸不平，形状复杂，多岛屿、暗礁，水流湍急，极其险恶。连接大同江、汉江、洛东江的内陆水路，自古为半岛的主干道。实际上出土的考古文物也都集中在这条线上。

而利用从平壤到大阪的这条天然商业水路的外国人，也许就是那些越人。公元前 333 年，越王国灭亡，但琅琊确保了自己华北第一良港的命脉，据说此地仍流传着海中乐园的传说。公元前 219 年，秦始皇最初造访琅琊，便深深地被此处吸引，故建宫殿，移入了 3 万户人家，将此地打造成了一个大型城市。秦始皇在琅琊听说海之中有蓬莱、方丈和瀛洲三座神山，藏有长生不老的仙药。于是，便以琅琊为大本营，开始频繁地展开各种海上探险。其结果就是齐人徐市（徐福）带领数千童男童女出海，以寻求三座神山。众所周知，这三神山的传说也许正是越王国时代的越人在琅琊这个地方保留下来的海外经历的影子。此外，同时期在日本列岛产生的弥生文化，与华中、华南竟然有着相似之处，这一点也是极为有趣的。

越人之后，燕人开始进入了韩半岛。《史记》中记载，平壤以南"尝略属真番、朝鲜，为置吏，筑障塞"。也就是说，在内陆水路两岸每处要所，都扎营驻兵，以保障这条通往日本列岛贸易路线上的贸易权。这里"真番"一词指洛东江峡谷，"朝鲜"一词指从大同江到汉江峡谷的原住民。

然而，燕国真正瞄准的，其实是日本列岛。因为日本列岛上还有着巨大的需求空间供开发，是一个巨大的市场。

ဢ 富裕的日本列岛

之后不久，据森浩一氏推断，日本全国古坟的总数，大概有 15 万座。

这些古坟修建的年代，一般认为是从 4 世纪到 7 世纪。也就是说，平均每年出现 500 座古坟。这一点也堪称空前的盛况。建造古坟需要大量的人力、财力和时间。日本既然有如此数量繁多的古坟，也证明了当时日本列岛人丁兴旺、生活富裕。

与之相比，韩半岛就不值一提了。在历史上，韩半岛人口仅为日本列岛的三分之一。即使有古坟，即使陪葬品中有不少日本列岛上罕见的黄金制品，但坟墓本身又破又小，哪怕是位于庆州盆地的新罗古坟，其直径也不过百米罢了。

连接丝绸之路的日本列岛

ဢ 秦始皇与丝绸之路

公元前 222 年，燕国被秦所灭，翌年，秦完成华夏大一统。

秦始皇在辽阳设置了辽阳郡，令其管理韩半岛上日本贸易这条路线。另外，公元前 214 年，西北游牧民族赶走了匈奴一族，确保了丝绸之路的畅通。同时，南边也开辟了灵渠。从漓江、西江沿江而下，将现在的广西设置成桂林郡，广东设置为南海郡，越南北部设置为象郡，如此一来，通往印度洋的路线也收入了囊中。

也正是这个时期，日本列岛被连接到丝绸之路当中。

可是公元前 210 年，秦始皇一死，大秦王国的天下分崩离析，战国时期的诸侯国再次兴起，燕国便是其中之一。但燕国由于战乱，自顾不暇，所以便从韩半岛撤回了驻军。直至公元前 195 年，汉高祖进攻燕国，将其歼灭，辽东郡便成为汉的直辖地。

成立初期的汉朝，其实是诸侯的联盟。西北的丝绸之路，后受到匈奴的控制。华南沿岸地区，也出现了东瓯（温州）、闽越（福州）、南越（广州）各诸侯国，所以，当时的汉朝，东西南北都呈封闭状态，而唯有琅琊港是唯一对外开放的港口。

在这期间，汉朝的统一加速。公元前 141 年，汉武帝继位，他为了恢复国力，开始四处收回对外的贸易权。

首先，介入到闽越与东瓯的纠纷之中，让东瓯迁入内地居住。汉武帝之所以利用南越与闽越的冲突来讨伐闽越，其实就是为了控制从闽江到达台湾海峡的水路要塞。对于南越，汉武帝在贵州省山岳地带开辟了道路，企图控制从夜郎国沿濛江而下的水路。而在四川省开辟的灵关道，则是为了控制穿过藏东、沿布拉马普特拉河而下、到达孟加拉湾的这条水路。

此外，从公元前 128 年秋到公元前 126 年春，汉武帝曾试图开辟一条路线，从辽东郡绕到白头山南，在咸兴市进入日本海，然后从韩半岛的东海岸南下，到达日本列岛。但是，这个宏伟的计划，由于规模过大，短时期内很难实现，所以只得作罢。此后，汉武帝将主要精力放在对西北丝绸之路的开发上面。

不久之后，连年的征伐终于将匈奴从内蒙古驱逐出去了，西域 36 国与汉结盟。公元前 1 世纪 10 年代，丝绸之路终于被汉朝所掌控。汉武帝在西南夷的印度路线上设有 5 郡，此外，当南越王国被征服后，汉武帝又在南海路线上设有 9 郡。

日本路线也是如此。公元前 108 年，朝鲜王国被灭，汉武帝在半岛上设有乐浪、真番、临屯和玄菟 4 郡。

ಐ 日本古代史的第一页

真番郡位于韩半岛南端，属于洛东江流域，建有 15 个县。

按照每个县城有 1000 人来算的话，这样也有至少上万的汉朝人民迁居到了这个离日本列岛最近的地方，来从事日本列岛市场的开发。当然，汉朝商船会定期造访日本，在海岸与河口的码头建立市场，于是原住民聚集一处，开始与汉朝商人进行贸易。

这样一来，日本列岛上便产生了城市，出现了酋长，并孕育了国家的萌芽。然而，汉武帝在位的 54 年，由于采取积极政策，使汉王朝的国力消耗相当大。汉武帝死后，公元前 82 年，真番郡被废除，日本贸易也转为位于小白山脉北部乐浪郡的管辖之下。

但是，持续了 26 年之久的真番郡的商业活动，在日本列岛各地已经促成了被称为"国"的商业城市的诞生。这正是《汉书·地理志》中出现的"倭人百余国"。这个时候，倭人首次出现在历史舞台上。也正是中国商人的商业活动，翻开了日本古代史的第一页。

后来，王莽篡权，其荒政之下的汉朝陷入了全面内乱的状态。而直至东汉光武帝重新统一，则花费了 20 年的时间。在这场内乱中，汉朝的人口骤减至原来的四分之一，根本没有余力去确保境外的贸易权。于是汉光武帝在公元 57 年授予博多奴国酋长"汉委奴国王"的称号，并委托其负责管理日本贸易。而这位"汉委奴国王"的直系，就是 3 世纪时的伊都国之王。

可是，东汉时，公元 184 年爆发了"黄巾之乱"，其后近半世纪，战乱烽烟不断，人口更是减少了十分之九，国内军阀割据。这便是著名的三国时代，这时东北方面是在辽阳公孙氏的掌控之下。3 世纪初，公孙氏开始进入韩半岛，并重新在汉江峡谷设置了带方郡。当然，这也是为了便于更好地与日本进行贸易。

然而，"黄巾之乱"以后，半岛上的中国人大部分都逃难到了南方真番郡故地，也就是洛东江流域一带。他们建造了自己的城市，成了真正的华侨。可以想象，流落在日本列岛上华侨的数量是多么庞大。韩半岛上有一半的华侨，在公孙氏开拓带方郡时被遣返，但仍有大部分华侨留在了岛上。公元 238 年，魏大将军司马懿灭公孙氏，将乐浪郡和带方郡连在了一起。这之前，与西域诸国之间曾短暂停滞的交通，也在魏将军曹真的努力之下再次恢复了。这样一来，倭人也重新回到丝绸之路上。

倭国与丝绸之路

∞ 日本贸易路线中的华侨

其实，在《魏书·乌丸鲜卑东夷传》中也能看到日本贸易路线上华侨商业活动的样子，意趣盎然。

书中记载，汉江峡谷西边的山中，为野蛮不化的马韩族的居住地，其 50 余国既无王，也无城，俨然还处在一个未开化的社会秩序。与此相比，翻过鸟岭南部，在从洛东江流域到庆州盆地的这块地带之上，散落着称作辰韩、弁辰等 24 国的城市，商业兴盛。其盛产的生铁也从乐浪、带方二郡，传到了韩、濊、倭。

此外，辰韩、弁辰的语言几乎同出一辙，根据辰韩古老的传说，他们其实是秦人的后代，为了逃离秦的暴政，亡命逃到了韩半岛。马韩将东界分给他们，之后他们便扎根于此。实际上，辰韩语种带有秦（陕西）方言的元素，这与带有燕（河北省）、齐（山东省）方言的乐浪郡语种相差甚远，故辰韩也被称为"秦韩"。

从此也可以看出，辰韩人是在西汉时期迁居到半岛的华侨的子孙，而那时中国的普通话为陕西方言。另外，辰韩出产的生铁也被使用在与倭人进行的贸易结算之中。这样的事实，也正好说明了，日本列岛上掌握倭人各国市场商业大权的，其实正是辰韩系华侨，也正是他们在洛东江上这条古老的日本贸易线沿岸建造了城市。

∞ 倭人三十国为商业城市

《魏书·乌丸鲜卑东夷传》中关于倭人的一条，也就是《魏书·倭人传》中，记载着"国国有市，交易有无，使大倭监之"。这明确地说明了倭人 30 国，都是以市场为中心发展起来的商业城市。不仅如此，倭人被任命为"市场监督官"，这也有力地证明了当时在市场开店的并非倭人，而是中国商人。

简而言之，倭人诸国不过是华侨建立起来的"中华街"。而倭国酋长们，则是靠商业税收维系生计的。

ᴥ 邪马台国位置与丝绸之路

前面第三章中曾经论述过，那个有名的关于邪马台国位置的问题，与丝绸之路也有着不少的渊源。

如果根据《魏书·倭人传》中记载的倭人诸国的方位与里程加以推测的话，距离带方郡 12000 余里的邪马台国，位于菲律宾与夏威夷之间的太平洋之上，这样便到了关岛一带。这其实是以魏都洛阳为中心，使得东方"亲魏倭王"都城邪马台国能够与西方"亲魏大月氏王"都城迦毕试相对称，而虚构出来的。邪马台国位置的问题，之所以会被用于丝绸之路上的贵霜帝国与魏朝的交涉史之中，这也说明了倭人与丝绸之路之间具有深不可测的关系。

第五章

日本建国前的亚洲局势

日本何时建国？

说到日本建国前的亚洲局势，首先需要知道日本是何时建国的。在太平洋战争结束之前的日本学校教育中，神武天皇是在公元前660年在大和的橿原即位的，并以此作为日本的建国时间。受此影响，也因为公元前660年太过久远，人们很容易就会产生从这一年减去几年就是日本建国年代的想法。这种想法是建立在将皇室的起源、大和朝廷的起源和日本的建国都同等看待的基础之上的。

这种同等看待的想法没有任何根据。既然是建国，就必须成立一个统一的国家。这个统一的国家究竟建立于何时，实际上众说纷纭。最近有江上波夫提出了俗称为"骑马民族说"的学说。根据这一学说，4世纪至6世纪之间，大约是5世纪的时候，尽管原因不明，但从大陆骑马而来的人们征服了日本列岛，首次建立了统一的国家，这就是日本的建国时期。

这个"骑马民族说"是《日本书纪》中记载的神武天皇御驾东征传说的改编版，不过是将神话故事合理化罢了。将神视为人类，将神话变成历史，重复这一个自古以来就常见的手法，"骑马民族说"与其说是学说，倒不如说是幻想，只不过是个新版的神话而已。

接下来将从严谨的历史学角度出发，而并非这种非科学的神话，说明日本究竟在何时建国，以及日本建国时的亚洲情况究竟如何。

先从结论说起，日本是在公元 668 年建国的，建国的君主是天智天皇。站在东洋史学的立场来看，这一点是毋庸置疑的。

从倭到日本

∽ "倭" 记录的最初与最后

日本列岛上的居民最早是在公元前 1 世纪时，以 "倭" 的名字出现在中国的文献中。具体而言，是出现在《汉书·地理志》中有关公元前 1 世纪末的历史记录中，留下了 "乐浪海中有倭人，分为百余国，以岁时来献见云" 的记述。

日本列岛的居民从那时起，就一直以 "倭" 的名称出现在中国的文献当中。日语中常见的 "和风" "和服" "和食" 等的 "和" 字其实就是 "倭"，是后来才用同音的 "和" 替代。另外，"大和" 读作 "yamato"，原本也是写作 "大倭" 的。

"日本" 二字取代 "倭" 字，首次出现在外国的文献中，是在公元 670 年。高丽王朝于公元 1145 年编纂的《三国史记·新罗本纪》中关于文武王治世的部分，在公元 670 年 12 月这一项当中记载有 "倭国更号日本。自言近日所出以为名"。由于《三国史记》是 7 世纪的事情发生后相隔 500 年的 12 世纪时编纂的史书，一般而言，其作为史料的价值比 8 世纪编纂的《日本书纪》还要低。然而，其中关于文武王部分的记载特别详细，应该是可信的。

在《日本书纪·天智天皇纪》中关于公元 670 年 9 月的部分，有记载"遣阿云连颊垂于新罗"，此人是首次以"日本国使者"的身份抵达新罗的。另一方面，在此之前的公元 669 年的部分记载："遣小锦中河内直鲸等，使于大唐。"《新唐书》与此相对应，记载了公元 670 年倭国派遣使者来到大唐，祝贺平定高句丽。这是"倭国"最后一次出现在中国的史书记录中。

从这里可以看出，在公元 669 年至公元 670 年之间，"倭国"被改称为"日本"。

为何使用"日本"这一国名

"日本"这一国名究竟有什么意义呢？因为只有在对外时才会用到国名，对内则不需要用到国名。那么，为什么要用"日本"这个国名呢？为什么不能继续用"倭国"这一名称呢？

在中国文化圈当中，改国名意味着"革命"。"革命"一词原本就代表着改变天命，天命由一个王朝转到另一个王朝。在古代，中国的每个朝代分别使用"汉""魏""晋""隋""唐"等不同的称谓。7 世纪的倭人们肯定也知道这一点。

在这种属于中国文明的汉字文化圈中发展起来的倭人们，突然开始使用"日本"这个国名，这是为了宣告自己已经不再是"倭人"，而是日本国的"日本人"，是与"倭人"不同的存在。

《日本书纪》本身也表现出了这种主张。书名是《日本书纪》，且历史时代远从公元前 660 年神武天皇即位开始记述。即《日本书纪》的官方立场主张，日本列岛自公元前 660 年起就是名为"日本国"的国家，历代的统治者皆以天皇自称。

然而，这一主张却是违反事实的。"日本"这个国号是公元 670 年首次出现的，无法证明在此之前就已经存在。而且，日本的金石文中"天皇"的王号也并没有这么古老。看到药师寺东塔的铭文或是《上宫圣德法王帝说》引用的天寿国绣帐铭文，会让人以为从推古天皇和圣德太子的时代开始就已经有"天皇"的称号。然而，这些铭文从很早以前就被日本史学界疑为伪作。

真正没有任何疑问的"天皇"二字的首次出现是在大阪府南河内郡国分町的松冈山古坟出土的铜板上所刻的《船首王后墓志铭》，上面的日期是公元 668 年阴历十二月。其他就再没有任何证据能显示"天皇"的王号在此之前就已经存在了。

∞ 公元 668 年的意义

这个公元 668 年或是公元 670 年的年代具有什么意义呢？

据《日本书纪》记载，公元 668 年是天智天皇在近江大津宫即位的年份。同时还有另外一件大事，就是日本制定了最初的成文法典——《近江律令》。

《日本书纪·天智天皇纪》中虽然没有直接提到制定律令，但在公元 671 年正月的条目当中记载了实施新的冠位和法度，且用小字注明"法度冠位之名，具载于新律令"，这无疑就是《近江律令》。同一个条目中除了冠位和法度之外，还记载了初次任命太政大臣、左大臣、右大臣、御史大夫等中央政府官员。

此外，其前一年，即公元 670 年 2 月的条目中记载的"编造户籍"，就是日本最早的户籍——《庚午年籍》。

这是非常重大的情况。"天皇"的王号与"日本"的国号同时出现，并制定了最初的成文法典和编制了全国的户籍，这就是日本的建国，而天智天皇则是立国的君王。

那么，天智天皇为何要特地开创名为"日本国"的国家呢？其原因可从前后的国际关系中看出端倪。

公元660年，唐朝派遣大型舰队进攻统治韩半岛西南部的百济王国，并将其消灭。这时，位于韩半岛东南部的新罗王国是与唐朝联合作战的。

当时的倭国王是女王齐明天皇，她是天智天皇、天武天皇兄弟的母亲。齐明天皇看到百济被灭，于是就扶持前来倭国的百济王子扶余丰璋，试图重建百济王国。翌年（661年），齐明天皇带着两个儿子，将整个宫廷迁移到博多，在那里设立了大本营。

然而，齐明天皇不久后就在博多去世了。《日本书纪·齐明天皇纪》中记载，由于砍伐朝仓社的树木兴建宫殿，神明因此大怒而毁坏了宫殿的建筑，宫中还出现了鬼火，天皇身边也有很多人病死。天皇去世后，朝仓山上还出现了身着蓑衣的鬼，默默注视着丧礼。从这些记载中可以看到当时倭人异常的精神状态。

齐明天皇复兴百济未果，她去世后，皇太子天智天皇继承遗志，指挥救援百济。然而，两年后，即公元663年，在白村江（现在的锦江）河口，倭人舰队被唐朝舰队击溃，导致全军覆没。

自此以后，倭人被赶出韩半岛，只能困守于日本列岛。

✂ 百济、高句丽相继灭亡

公元 668 年，皇太子天智天皇即位。这一年，大唐的军队进攻了高句丽王国，并将其灭亡。然而，唐军并没有一直占据百济和高句丽故地，而是很快就退回到了辽河以西。结果，刚好以现在的北纬 38 度线为界，韩半岛南部由新罗王国统一，而辽河以东、北纬 38° 线以北，则成了权力的真空地带。

现在可能无法想象，百济和高句丽的相继灭亡对于当时的倭人来说是多么重大的危机。日本一直到最近都常说"成为世界的孤儿"，其实，在 7 世纪，倭人就真的成了"世界的孤儿"。倭人要面对世界级的唐朝和新统一韩半岛的新罗，而除了这两大敌国外，就完全不知道还有其他的国家。

不仅如此，倭人在此之前并非仅靠日本列岛生活。倭人需要的技术与人力资源都是从亚洲大陆经由韩半岛输入日本列岛的。对于倭人而言，与亚洲大陆的经济关系、贸易关系才是王权的基础，以及社会的基础。而这些现在却已经无法再依靠了。

在此之前的倭国完全是偏向西边，以大阪为经济中心，一直到北九州，都设有港口，属于海洋国家。然而，由于同亚洲大陆相割离，它马上向东边发展，方向改为由西向东。这一变化刚好发生在出现"日本"国号和"天皇"王号的前夕，二者之间必然有着某种关联性。

我个人的看法是，天智天皇即位的公元 668 年就是日本的建国之年，也是天皇位开始的年份。

接下来进入正题，来谈谈在此之前的亚洲形势究竟是怎样的。

日本建国之前的亚洲局势

ဆ 久违 111 年的遣隋使

如果说日本是在 7 世纪后半期建国，那么在此之前的日本列岛的政治形势又如何呢？《隋书·东夷列传》中留下了非常有趣的记录。

据其中的记载，公元 589 年，隋文帝吞并南朝陈，结束了将近 300 年的南北分裂。11 年后，即公元 600 年，位于新罗东南海上的倭国遣使前往隋朝的首都大兴（今西安）。这距离上次倭国使者访问南朝宋皇帝的公元 478 年已经过去了 111 年，所以倭使来访是件稀奇的事。

负责接待的官员询问了倭王使者有关倭国的情况，使者回答如下："倭王姓阿每，字多利思比孤，号阿辈鸡弥。太子名利歌迷多弗利。倭王以天为兄，以日为弟。王于天未明时便出来听政，盘腿而坐。日出后停止处理政务，说道'委我弟'。"听闻此事的隋文帝觉得"此太无义理"，遂训谕改正。

ဆ 公元 609 年答礼使节所见的倭国

在隋文帝之后继位的是隋炀帝。隋炀帝在位时的公元 608 年，倭王多利思比孤再度遣使进贡隋朝，并称"闻海西菩萨天子重兴佛法，故遣朝拜，兼沙门数十人来学佛法"。同行的数十名僧侣于是留在隋朝学习佛法。当时带来的倭王国书中写道："日出处天子致书日没处天子无恙。"隋炀帝看后不悦，对当时负责的鸿胪卿（外务大臣）说道："蛮夷书有无礼者，勿复以闻。"

尽管这样，第二年（609年），隋朝仍派遣裴清（《日本书纪》中写作裴世清）为答礼使节，前往倭国。一行人从山东半岛乘船出发，经过韩半岛百济以西海域向南航行，抵达竹岛。在此地可以看到南方的耽罗国（济州岛）。再经由大海中央的都斯麻（对马）国，到达其东面的一支（壹岐）国，从这里再前往竹斯（筑紫）国。这个竹斯国就是博多。从这里继续向东就会抵达秦王国。令人感到不可思议的是，秦王国的住民“同为华夏”，也就是中国人。裴清怀疑此地可能是传说中的“夷州之地”，但却无法确定。

据《隋书》记载，从秦王国再经过十余国，就会抵达“海岸”。这个“海岸”虽然没有明确提及，但无疑应该是倭国的海岸。证据就是之后所记载的“自竹斯以东，皆附庸于倭”。所谓的“附庸”是春秋时代的古老用语，指的是将外交权委托给大国并在战争时有提供兵力义务的小国。若是根据《隋书》的说法，壹岐国和对马国不在倭国的势力范围之内，北九州的筑紫以东也不是倭国，就算是附庸于倭国，但仍旧是独立的国家，所谓的倭国仅包括河内、大和等现在近畿地方的中心部而已。

总之，倭国并非是统一了整个日本列岛的国家。

不可凭信的《日本书纪》

∽ 圣德太子实际上并不存在

这里有一个令人吃惊的重大发现。前文中引用的著名国书《日出处天子致书日没处天子无恙》，作为基本常识，一直以来都被人们认为是日本圣德太子送交隋炀帝的国书。

然而，如果仔细阅读《隋书》的文字，就会发现情况并非如此。这是因为倭国遣使访隋是在公元608年，隋朝使者裴清访问倭国是在公元609年，而送裴清回国的倭国使者是在公元610年抵达隋朝。根据《日本书纪》的记载，此时在位的是推古天皇，而圣德太子是担任摄政王。也就是说，推古天皇是女王。但是，根据《隋书》记载，这时候担任倭国王的是一个名为阿每多利思比孤的人，从名字来看应该是一位男王，且裴清还与男王直接见面会谈。裴清误认当时担任摄政王的圣德太子为王的假说也不成立。因为《隋书》清楚记载了除王与王妃之外，另有太子。所以，送出《日出处天子致书日没处天子无恙》国书的并非圣德太子，而是名字没有出现在《日本书纪》之中的其他倭王。无论怎么想都是《隋书》的记载正确，而《日本书纪》则是不可取信的史料。

总而言之，如果坐在倭国王位上的是推古天皇这位女王，那么隋朝使者是没有理由不报告此事的。裴清也是读过《魏书·倭人传》后才前往倭国的，他在《隋书》中针对倭王首都"邪靡堆"特别注释有"则魏书所谓邪马台者也"，这就是最好的证据。裴清知道有名的邪马台国女王卑弥呼的故事，如果倭王是女王的话，隋朝没有理由刻意隐瞒，甚至捏造土语的王号，让倭王变成男王。这样说来，关于7世纪初日本建国前夕的情况，《日本书纪》无疑是撒了一个弥天大谎。

而且，正如前面所述，当时的日本列岛内部尚未统一。倭国以首都邪靡堆为中心，统治的不过是非常有限的一部分地区。从此地向西，有各自独立的诸国，从《隋书》也可以看到，其中不乏包括了中国人的国家。

这与《日本书纪》打造的传统日本史形象相去甚远，因而大家不断地找理由，如"一定是哪里搞错了"等等。然而，就算是捏造也要有理由啊。不过，这里我们却找不出需要捏造的理由。那么就只能是《日本书纪》的内容有误了。

∞ 一个时代结束的恐惧

《日本书纪》原本就是天武天皇为了主张自己统一日本国的正当性而着手编纂的史书。

解体之前仅支配畿内部分地区的倭国，统合日本列岛上的其他诸国，新创造出一个名为"日本"的国家。采用之前倭国大王所用的"天皇"王号，让"天皇"成为新国家的元首。为了使这些事情正当化，于是利用《日本书纪》阐明"在此之前的日本列岛就一直是一个统一的国家，称为日本，由名为天皇的王统治"这样的政治立场。编写《日本书纪》并非是为了告诉后世 7 世纪前日本列岛的实际状况。作为日本的第一部历史书籍，这也是无可厚非的。

基本上，无论哪一个国家，在撰写第一部史书的时候，都绝对不会写下完全真实的史实，而是根据当时的政治形势，写下对自己最有利的内容。因此，《日本书纪》并非全部都是虚构的。就算是谎言也有其根据，并非全部都是捏造。例如，《日本书纪》中记载的日本在公元前660 年建国，这是以东汉学者郑玄的历史理论所写成的内容。

日本平安朝学者（文章博士）三善宿祢清行在公元 901 年献给天皇的《革命勘文》中引用了郑玄注释的书籍片段，这个《革命勘文》是建议改年号的奏疏，是日本最古老的奏疏。从中我们可以看出，郑玄的理论认为文明是以 1320 年为一轮循环的。

将郑玄的理论运用于《日本书纪》是非常有趣的。从第一代神武天皇即位的公元前 660 年开始算起，1320 年后就是公元 661 年，这一年刚好是齐明天皇驾崩的年份，也是百济灭亡的第二年。而且，这一年正好是相当于六十干支中的辛酉年。根据郑玄的理论，辛酉年是"革命"之年，即改变天命的年份。与此相对，辛酉年的三年后是甲子年，为"革令"之年，即改变制度的年份。这个甲子年是公元 664 年，相当于白村江战败后的第二年。这到底意味着什么呢？

所谓历史，是在确实感受到一个时代结束、新时代已经开始的时候才会撰写的东西。我们写日记不也是在一天要结束时的夜晚，即将入睡前才会提笔吗？显然，不会有人在白天正忙着工作时书写日记的。

《日本书纪》中，将公元前 660 年写作建国的年代本身就暗示了，对于倭人而言，公元 661 年是一个时代的结束，从此开始的将是新的时代。这让人感到浑身战栗。

曾经是中国史一部分的日本列岛

✎ 秦始皇完成华夏大一统

公元 661 年的巨大变动之前，日本列岛的历史是怎样的呢？一言以蔽之，日本列岛就是中国史的一部分。

更严格来说，在 6 世纪末的公元 589 年，隋朝统一南北之前，亚洲史就是中国史。这并不意味着中国统治了整个亚洲，而是代表亚洲的主要历史事件都是发生在今天被称为"中国"的这一地域。中国史即是亚洲史的时代起始于公元前 221 年，秦始皇统一中国之时。

秦始皇实现统一的意义，简单来说就是完成了以陕西省咸阳为中心的商业城市网。

↷ 皇帝的组织是个大型的综合贸易公司

从秦始皇开始的皇帝组织，如果用现在的话说，就是一个大规模的"综合贸易公司"，总公司位于首都，皇帝就是总经理。分公司从首都向东向南延伸，沿内陆水路分布。人们选择交通便利的地方，建设相当于分公司的城市，并在四周筑起围墙，四面建造起坚固的城门。

这样的城郭被称为"县"，是军队的驻扎地，同时也是市场。住在城里的人是有户籍登记的军人、官吏、商人、手工业者等，这些人就是"民"。

与此相对，住在城墙外的人被称作"蛮、夷、戎、狄"。他们与"民"的区别并非是人种上的差异，而是以是否在城市登记户籍为标准的。

这样的城郭沿着内陆水路而延伸，其起点——秦的咸阳、西汉与唐的长安（今西安）都是陕西省渭河的溪谷。这一地区，土地的农业生产力较高，集中了大量定居人口而成了首都，但从汉朝到北宋，中国真正的中心是洛阳。

从洛阳往东，尽管黄河下游的三角洲幅员广阔，但黄河是一条难以驾驭的狂野之河。看现在的中国地图，山西省高地的东边是太行山脉，沿着山脚铺设了铁路。那么，为什么不从更东边的平地通过呢？这是因为那一带人口稀少，水中盐分含量高，土地贫瘠，再加上黄河经常泛滥，黄河泥沙的沉积非常迅速，到了涨水期，堤坝容易决口。如果反复进行筑堤工程，河床就会高出地面一二十米，形成所谓的"地上河"。一旦决堤，北起北京、南至徐州的区域都会成为一片汪洋泥海。因此，根本不可能有人居住在这样的洼地，自古以来的聚落都是在太行山脉的脚下。

∞ 南船

在黄河沿岸，最易渡河的地方就是在洛阳附近。从洛阳往南，沿着汉江向下，可以在湖北省的武汉进入长江（扬子江）。从武汉进入洞庭湖，再沿湖南省的湘江往南，就可以进入广西壮族自治区，从漓江向下入西江，就能到达广东省的广州。从这儿往前就是南海了。出海之后，沿印度半岛的海岸南下，横跨暹罗湾抵达马来半岛。从这里通过克拉地峡或绕马六甲海峡就可以进入印度洋。从南印度海岸的港口开辟了经由波斯湾、红海等地，连接地中海世界的航路。这就是中国谚语"南船北马"中的"南船"，而洛阳正是这个水上交通路网的起点。

∞ 北马

那么，从洛阳往北京方面的"北马"又如何呢？从洛阳往北渡过黄河，沿着太行山脉东麓绕黄河三角洲边缘，就可以抵达北京。

从北京向西北上蒙古高原就是经中亚连接地中海世界的丝绸之路和草原之路的起点。从北京向东北，只要越过一座山就是大凌河。沿大凌河向东而下，出辽河三角洲的西端。再从这里向北迂回，在沈阳东渡辽河，从南边的辽阳南下，就可以抵达大同江畔的平壤。到此为止是陆路。从山东半岛乘船渡黄海，也可以进入大同江口到达平壤。

从平壤开始，可以利用韩半岛内陆的水路。从平壤顺大同江往下，在出黄海之前进入名为载宁江的支流向南，在瑞兴扛着小船跨越灭恶山脉，在另一侧的礼成江再乘船往下，就可以出江华岛。从此地往西就会出黄海，那么转向东，就进入汉江。汉江的北岸是首尔，南岸则是百济最初的王都广州城。沿汉江继续遡流向南，就可到达最顶端的忠州。从忠洲跨越小白山脉的鸟岭，南侧就是洛东江。从洛东江南下，沿其西岸，就分别可以看到"任那""六伽倻""驾洛"等诸国，而在河口的地方则是叫作"金海"的城镇。

这个金海就是《魏书·倭人传》中有名的狗邪韩国或是弁辰狗邪国，又称"金官驾洛国"。洛东江在金海流入大海，而在这里逐渐发展起来的就是现在的釜山市。到了釜山，天气好的时候能看到对马。沿着偏西的固城海岸向下，乘船顺着海流就可以抵达对马。

从对马经由壱岐抵达九州的北岸，再进入濑户内海到达大阪湾。只要到了大阪，接下来可以沿大和川前往奈良盆地，或是顺淀川出琵琶湖。从琵琶湖既可以前往北陆的海岸，也可以穿过伊势湾。

由此，从平壤开始，在内陆的河川或内海，一叶平底小舟就足够了，而无须什么特别的外海航海技术。这对于习惯内陆水陆交通的中国人而言，无疑是颇具优势的。

∽ 魅力十足的日本列岛市场

另外还有一个重要的情况就是，韩半岛的人口比日本列岛的人口要少得多，这一现象一直到现在都是如此。日本列岛的人口一直以来都是韩半岛的3—4倍。去实地一看便知，同多是山地的朝鲜相比，韩国的平地虽然多些，但还是比日本的少，可供人居住的范围颇为有限。就算是庆州盆地，同奈良盆地相比，规模也是小很多的。因此，过去的人口肯定也不多。

另一方面，根据森浩一的估计，日本的古坟约有15万座。通常来说，日本的古坟时代是从4世纪至7世纪。如此算来，每年至少需要建成500座古坟。这要么就是日本非常富饶，要么就是人手很多，又或者两个条件兼而有之。

如此看来，日本列岛从古时候开始就是一个人口众多、物产丰饶之地。日本列岛的主要物产最初应该是砂金。日本在马可波罗的《东方见闻录》中也以"黄金之国"闻名，是世界上数一数二的产金国。金被开采一空之后成为产银国，银被开采完后又成为产铜国。到了江户时代，铜也被开采一空，不得已才开始养蚕，成为生丝的出口国。

如果想经营这个充满魅力的日本列岛市场，只要将前进基地设在韩半岛的平壤即可。由于当时横渡东海的技术尚不发达，只要能控制平壤，就可以控制经由濑户内海抵达日本列岛中心的路线。

据《史记·朝鲜列传》记载，公元前3世纪初，燕王国统治了真番和朝鲜。真番人是洛东江溪谷的原住民，辰韩、弁辰诸国就是从洛东江溪谷兴起的。辰韩成了新罗，弁辰则成了任那。而朝鲜人，则是从大同江至汉江一带溪谷的原住民。

《史记》中提到，燕王国在真番和朝鲜驻军，设置官吏，收取通行税。这也说明了燕王国控制了通往日本列岛的贸易路线。这样的状态到公元前221年燕王国灭亡、秦始皇统一中国之后也一直持续着。

之后，西汉取代了秦朝，但由于秦末的战乱导致了国力下降，西汉无力直接控制从韩半岛通往日本列岛的贸易路线。因此，西汉承认平壤最具权势的卫满为朝鲜王，与他缔结特别约定，用西汉供给卫满武器为交换，保障贸易的安全。不过，这只是暂时的措施，到了公元前108年，汉武帝灭掉了卫满的孙子卫右渠，收回了韩半岛的权利，并在大同江畔的平壤设置乐浪郡。另外又在乐浪郡的南方设置真番郡，从里程判断，真番郡的位置应该就在现在的釜山附近。

据说，真番郡共有15个县。"县"是指四面由城墙围起来的城市，也就是说在洛东江流域这个相对比较狭小的地方建设了多达15个县。移住过去的军人和商人，保守估计也超过万人。

有这么多的汉朝人民被送到韩半岛的南端，并在当地实行郡、县经营方式，而经费仅靠中央政府的预算是不够支出的，必须还要在当地筹措财源。也就是说，真番郡要用同日本列岛进行贸易所获得的利益为生。然而，实际上真番郡似乎一直都是赤字，最终也没有扭亏为盈。经过汉武帝长达54年的统治，真番郡在他去世后的公元前82年被废止。同时，西汉的前线后退到了小白山脉北侧，乐浪郡成了最前线。

中国商人的贸易手段

∞ 华侨的出现

从公元前108年到公元前82年，在真番郡设置的26年间，有过万的汉朝人民被送到这里。他们为了提高利润，开商船前往对岸人口众多、尚未开发的日本列岛进行贸易买卖。26 年的时间，在过去平均寿命短暂的时代，相当于父子两代人的时间。居住在日本列岛海岸边或河岸港口附近的倭人，也因此有机会接触中国商人每年带来的各种商品。

当时贸易的实际情况，可以从后世中国商人进出东南亚市场时的做法中类推出来。来航的中国商人最初就算抵达目的地，也会因为对当地原住民的戒备之心而不肯上岸。于是原住民划着小船靠近，然后登上甲板，在堆积如山的各式商品中挑选。为了避免发生混乱，中国商人就从原住民当中挑出聪明伶俐且会说一点儿中文的人当保证人，并凭信用"贷"出商品给原住民。当时的日本列岛没有货币经济，因此不用钱交易，而是以物易物。原住民们扛着货品下船，再划着船回到岸上。上岸后继续背着货品分到山中的各个村庄，收集各地的物产以物易物后再回到中国商船停泊的地方。而中国商人就在停靠于码头的船上等待。原住民将地方物产交给商人，经过讨价还价后交易才最终达成，中国商人便出航踏上归途。

就像这样，中国商人最初都是在自己的船上等待的。以物易物的范围如果仅限于码头附近的地方是没什么问题的，但是，当交易深入内地的话，那么作为交换的商品最起码也要等上几个月或半年才能回来。考虑到航行的风向等，有时甚至必须在当地过年。如此一来，中国商人也开始离船登陆，最初是住在原住民酋长家里。渐渐地，为了排解寂寞，就有商人娶原住民家的女儿成立家庭。这就出现了"华侨"。

✂ 随粮食产量提高而定居

中国人定期来航还带来了另一个影响，就是中国人对于食物很讲究。在此之前，原住民对于简单的食物就已经很满足了，但随着中国人的到来，粮食的需求量大增，只要有生产就能卖掉。粮食的生产量暴增，粮食的供给也丰富起来，人们聚集于港口，逐渐出现了定居人口。据日本考古学研究，古时候居住地的遗址几乎都集中在山丘或山腰部的高地，而从这时候开始，人们逐渐迁往河口低地。《日本书纪》中，仁德天皇位于难波的高津宫，而高津宫就在现在的大阪城附近。在这样的地方就会形成中国城。

为什么古时候的人们不住在海岸或河口呢？主要原因在于寄生虫疾病。据说，在大阪，直到明治时期都经常出现疟疾，这是一种非常可怕的疾病，古时候很多人都死于此疾病。可见，人们不住在海岸低洼潮湿地带的原因，并非是《魏书·倭人传》中所说的"倭国大乱"。然而，当贸易活动开始后，人们聚集到海岸，逐渐形成了聚落。不过，真番郡后来因为连年赤字，在公元前82年遭到废止。但对于原住民来说，事情却不是这么简单。

大家已经习惯了中国贸易，慢慢变得奢侈起来。而对于中国而言，乐浪郡为了养活整合起来的各县，仍然需要日本列岛的贸易。韩半岛出土了许多乐浪郡时代的黄金制品，而同时代的汉朝属地越南东山文化中，却几乎没有任何的黄金制品。这个差别应该源于日本列岛产出的黄金。乐浪郡的富有在汉朝的文献记载当中也是赫赫有名的。

∞ 公元前 20 年的倭人诸国

在这种形势下，日本列岛的原住民酋长们开始自己备船，纵贯韩半岛，经由内陆水路，来到乐浪郡进行贸易。这就是《汉书·地理志》中记载的公元前 20 年的状况，"乐浪海中有倭人，分为百余国，以岁时来献见云"。

这里的"百余国"当然不是指国家。汉字的"国"本来的意思是指用城墙围起来的城市。总的来说，倭人诸国就是围绕着以港口或船舶停靠地为中心发展起来的中国城而形成的聚落，由倭人酋长负责。这样的倭人诸国在中国商业网的最末端逐渐发展起来。

汉朝的战乱与倭国

∾ 王莽之乱与汉委奴国王

西汉末年，爆发了"王莽之乱"。

王莽是西汉帝室的外戚，篡夺了帝位。他信奉儒教思想，强行推进理想主义的政治改革。但由于改革过于激烈，西汉陷入了混乱，内战持续了 25 年之久，致使人口锐减。王莽篡位之前，据公元 2 年的人口统计显示，当时人口约为 6000 万。经过 25 年的王莽之乱后，到东汉光武帝时，人口仅剩下五分之一，即一千几百万人。

因此，要想维持与西汉相同规模的经营十分困难，所以汉光武帝废除、整合了许多郡县，这在边境尤其明显。作为解决困难的对策之一，才会在公元 57 年，出现有名的"汉委奴国王"金印。

当时，乐浪郡的舰队已经无法像西汉时期那样保障商人的贸易安全。于是汉光武帝就按照过去朝鲜王卫满那样，委托奴国（博多）的倭人酋长，让他保护东汉商人并解决纷争。作为交换，倭人在同东汉交涉时，必须要通过这个奴国的倭王。

这才是倭王的起源，而并非是一个名为"倭国"的国家里面有一个王。中国方面设立了倭王的职位，并承认他的贸易独占权。

如此一来，对于倭人诸国而言，如果不通过倭王，即便去了乐浪郡也得不到受理，也不可能进行贸易。倭王则可以从诸国贸易利润中收取手续费。于是，同中国皇帝缔结了特约关系的倭王，其实力逐渐深入日本列岛。不过，尽管如此，当时的日本列岛依旧没有国家体制。

∾ 黄巾之乱与卑弥呼

到了公元 184 年，在东汉爆发了比"王莽之乱"规模更大的动乱。

这就是"黄巾之乱"。原因是东汉经济急速成长，人口主要集中在城市，而下层阶级的不满最容易在经济急速成长的时候爆发，他们再也不想忍受贫富不均，于是为了开创新的社会就发动了起义。这场农民战争很快就被东汉的军队镇压，起义以失败告终。然而，此后东汉军队的将领们之间又开始了争权夺势，让东汉陷入了四分五裂的状态。

东汉人口再度锐减，在动乱发生前的公元 157 年，人口约为 5600 万人，到了动乱后的公元 230 年（三国时代），人口只剩下不到十分之一，即 500 万人。战乱导致耕作中断、农田荒废，结果是粮食不足致使大量人口因饥饿而死。而人口一旦降低到某种程度就很难恢复。在人口极少的情况下，迎来了公元 589 年的隋朝统一南北。

由此，以公元 184 年的"黄巾之乱"为界，东汉的经济崩坏，人口锐减，华北的平原地区几乎成了无人地带。魏国的曹操为了填补这块空白，将北方边境的游牧民族和狩猎民族移居华北。

"黄巾之乱"后，依靠汉朝皇帝庇佑的博多倭王没落，取而代之的
是邪马台国的女王卑弥呼，被倭人选为代表。此时的韩半岛在以辽阳为
大本营的公孙氏军阀的势力范围之下，日本列岛的卑弥呼应该也和公孙
氏缔结了一定的关系。公元238年，魏将军司马懿灭公孙氏，平定辽河
三角洲和韩半岛，卑弥呼于是同司马懿缔结关系，翌年获得"亲魏倭
王"的称号。此后，司马懿在公元249年的政变中掌握了魏朝的实权。
司马懿的儿子们继承父业，终于在公元265年，司马懿之孙司马炎（晋
武帝）废黜了魏朝最后一个皇帝后称帝，创立了晋朝。在此期间，邪马
台国的女王一直与司马氏保持特殊的关系而获益，但是，到了公元300
年，"八王之乱"爆发，晋朝分裂，好不容易恢复的1800万人口这时又
再度锐减。由于这些动荡，邪马台国的女王也随之没落了。

ᔥ 河内王朝与倭五王

4世纪，日本列岛的中心转到了畿内的难波，出现了以仁德天皇为第
一代倭王的河内王朝。这就是《宋书》中所写的"倭五王"。

这个河内王朝没有中国皇帝做靠山，因此就同韩半岛的百济王结
盟。当时的韩半岛，由于北方高句丽王国的势力南下，百济王为了与之
抗衡，在战略上需要确保位置处于其后的日本列岛不会发动攻击，因此
承认了倭王。

就这样，河内王朝的倭王以百济为中转站，与位于华中的南朝进行
贸易。当时的华北因战乱不断而处于不安定的状态，而华中的南朝则
相对比较稳定。不过，公元589年，隋兼并了南朝的陈，重新实现了统
一。这时，中国的经济中心从华北转移到了华中的扬州。隋朝趁着统一

的气势，不断进攻高句丽，结果尚未成功就遭到灭亡了。隋朝之后的唐朝于公元 660 年灭百济，于公元 668 年平定高句丽，这些在之前都已经介绍过了。

∽ 韩半岛与日本列岛的人口结构

在 7 世纪前半期，韩半岛的人口结构是怎样的呢？据公元 636 年唐朝编纂的《唐书·东夷列传》记载，百济的国民中混合了新罗人、高句丽人和倭人，也有中国人。新罗的国民也混合了中国人、高句丽人和百济人。这一段记述当中最引人注目的是百济有倭人，而新罗却没有倭人。我认为这是因为倭国经由百济与南朝连接，而新罗并不在这一条贸易路线上。

那么，日本列岛的人口结构又是怎样的呢？在此，我希望大家能回忆起《隋书》中记载的隋使裴清于公元 609 年路经秦王国一事。博多的竹斯国之后就是秦王国，并且还要再经过十余国才会抵达倭国难波的津。如此看来，秦王国的位置应该是在濑户内海西部沿岸的下关附近。这个全是中国人、名为秦王国的都市的存在是毋庸置疑的。由此可以看出，日本列岛的人口结构也与韩半岛类似，混合了倭人和倭人以外的种族。

公元 815 年编纂的《新撰姓氏录》也记载了畿内的摄津、河内、大和、山城等诸国有上千个氏族，其中大部分都是"诸蕃"，即非倭人，而这些诸国都是过去倭国的中心地带。9 世纪的平安朝初期也一直如此，就连更早的 7 世纪，在日本建国之前的日本列岛人口，无疑也是多种族混杂的。

日本列岛处于这种状态下的公元 660 年代，正是之前同倭国友好的百济被灭而敌对的新罗统一韩半岛南部之时。此时的天智天皇、天武天皇又是怎样想的呢？韩半岛的人口结构与日本列岛相似，且日本列岛还没有在政治上统一。倭人诸国中以倭国最大，但倭国大王能够直接支配的地方也不过只有河内、大和、山城、播磨、近江等地，同其他诸国则维持着"附庸"这种约束力不高的同盟关系。

日本列岛的倭人们就是在这种弱势的状态下，面对唐朝这个世界级大国，以及与之结盟、统一了韩半岛南部的新罗这个宿敌。只要唐朝和新罗有意愿，就很容易压制日本列岛。

为了应对这样的危机，倭人采取的措施就是将迄今为止的倭国和其他诸国解体后再整合，即日本建国。

第六章

中国眼中的遣唐使

与东亚最强国间的关系

　　遣唐使在中国的最早记载是出现于公元 631 年。记录中显示，这一年，"倭国"使者携"方物"（即当地特产）造访唐都长安，谒见唐太宗。这个公元 631 年是颇具意义的。

　　中国自 4 世纪以来，南北分裂的状态持续了近 300 年。到了 6 世纪末，位于华北的隋，成功兼并了华南的陈，重新实现大一统。

　　公元 600 年，倭王阿每多利思比孤遣使前往隋的朝廷拜会访问。公元 608 年，这个倭王又再度派遣使者来访，第二年，隋朝皇帝遂派遣裴清为使臣，前往倭国回访答礼。

　　根据使者的见闻，当时的日本还不是一个统一的国家，只是一个许多小国的联盟，倭国王以倭京为首都，被称之为"倭国"的范围仅限于首都周边一带，且诸国当中还有全部由中国人构成的国家。翌年，阿每多利思比孤的使者送裴清回国，第三次访问了隋朝。

　　然而，根据日本最古老的历史书籍《日本书纪》（《古事记》是 9 世纪编纂而成的伪书）记载，阿每多利思比孤担任倭王的时代，有一位名为推古天皇的女帝，且是由女婿圣德太子摄政的。

　　由此可以看出，关于这一时代，《日本书纪》中的内容不可信。之后没多久，倭国的王室血统断绝，由舒明天皇新登王位。

这一点应该是真实的。上文提到的公元 631 年的第一次遣唐使，正好是发生在倭国出现新王室之后，想必这是为了在外交上获得中国皇帝的承认，进而压制日本列岛内部诸国。

唐朝的建立

《日本书纪》中仅简单记载了公元 630 年秋天，倭国王派遣犬上君三田耜前往大唐。另一方面，这个时期对于唐朝来说，也是意义非凡的时期。因为大唐对突厥取得了胜利。

好不容易恢复统一的隋朝，由于过度消耗国力而引起内乱，导致最终倒台，后来，由唐取代了隋。

不过，在此期间，蒙古高原上由土耳其人先祖所建立的突厥汗国逐渐强大起来，就连唐朝皇帝也要礼让突厥可汗。这与唐朝建国时曾受到突厥的援助也有关系。唐太宗于公元 630 年春天，派遣大军进攻蒙古高原，灭了东突厥。

北亚游牧部族的代表们聚集，推选出唐太宗为大家的君主，赠予"天可汗"的称号。就这样，唐太宗成了北起西伯利亚、南至南海的广大东亚地区多个民族的共同君主。

倭国王舒明天皇同样也是在公元 630 年派遣犬上君三田耜前往大唐。由此可以看出，这个国际关系大变动的重要消息，应该很快就传到了日本。

何谓"朝贡"

外国使者携方物向中国皇帝表达敬意的访问称为"朝贡"。"朝"是指出席朝廷的早朝，"贡"则是指带着礼物前往。

外国使者要来拜会中国皇帝的话，首先要由负责的官员询问使者，查验身份真伪，确认身份的确是该国国王派来的使者之后会进行登记，再决定谒见皇帝的日子。"谒见"指的是在早朝的时候面见皇帝。每个月都有固定早朝的日子。古时候的早朝应该多指的是满月的清晨之时。上朝在凌晨 4 点左右，周遭还是一片漆黑，文武百官身着正装进宫，在正殿前整齐排列。这个举行早朝的庭院，就是所谓的"朝廷"。文武百官站立的位置，根据官阶都有严格规定。站立的地方称作"位"，正如字形所示，"位"原本的意思就是"人"所"立"之处。

由于时间特别早，冬天又非常冷，文武百官们一边发抖一边等待。另一方面，皇帝也必须半夜就起床，沐浴供奉拜神。拂晓时分，皇帝入正殿，坐上天子宝座。宰相率文武百官向皇帝跪拜行礼，再由宰相代表百官向皇帝问安致意。这就是"朝贺"。皇帝接受朝拜后将祭神供奉的肉品分赐百官。早朝结束时，太阳刚好升起。

上早朝必须很早就起床，还必须在朝廷的石板上等待很长时间，且不论酷暑严寒、风雨交加，也都必须上朝，这其实是一件苦差事。倭国使者犬上君三田耜也出席了这样的早朝，将前一夜就搬到朝廷摆放整齐的方物给皇帝过目，并呈上倭国王的信件。这就是"朝贡"。

"朝贡"是为了表达友好之意。公元 630 年的首批遣唐使于翌年正月完成使命，正式谒见了唐太宗。唐太宗还带着来访长安的外国君主与使者前往西南郊外，进行大规模的围场狩猎。

围场狩猎是一种军事演习，也是一种运动项目。数万士兵作为猎人，在四周围成一个数十里的大圆阵，再花上几天时间逐渐缩小圆阵，最后锁定一个地方，受惊的野兽们就像是热锅上的蚂蚁般四处乱窜，皇帝就带着手下进入围场，进行马上狩猎。

倭国和新罗的使者也被允许参加狩猎。当然，这也是为了展现大唐皇帝的威仪。

遥远的倭国和新罗为了尽早向新成为亚洲最强国的大唐表示友好而派遣使者，不过，距离大唐较近的高句丽和百济，因为感受到大唐的威胁而表现出戒备的态度。

结果，大唐于公元 645 年，由唐太宗从陆上御驾亲征高句丽，却遭到击退而失败。之后，唐高宗也于公元 655 年远征高句丽，不过依然以失败告终。

倭国的对外关系

倭国自第一次派遣唐使之后，有超过 20 年的时间再未派遣使前往大唐。到了公元 653 年，倭国终于第二次派遣唐使。在其尚未回国之际，倭国又于公元 654 年派出了第三批遣唐使。

倭国如此着急遣使，无疑是因为知道大唐即将攻打高句丽。中国文献中并没有关于第二次遣唐使的记录，但有关于第三次遣唐使的记载。使者在公元 654 年年末谒见了唐高宗，并献上了斗大的琥珀和 5 升容器大小的玛瑙。

之后的公元 657 年，唐军消灭了西突厥，陆续将丝绸之路恢复畅通。到了公元 659 年，当高句丽和百济积极准备与唐的战争时，倭国又急忙派遣了第四批遣唐使。

在当时派出的两艘船中，其中有一艘船遇难漂流到了南海的岛屿上，遭到了岛人杀害，而另一艘船则安全抵达。一行人于公元 659 年冬天在洛阳谒见了唐高宗，献上带来的"虾""夷"男女二人，在冬至日的早朝上也受到了礼遇。

然而之后，唐朝统治者以"明年东方即将有军事行动，不能让你们这些倭国使者回国"为由，将一行人带往长安囚禁了一年。其间，公元660 年，唐军渡海从韩半岛南部登陆，与新罗军联手灭了百济王国。

这时，倭国改变方针，转而计划支持百济复兴。公元 663 年，在白村江之战后，救援的倭军被唐军击败，全军覆没。倭国这次的行动让自己成了大唐的敌对，完全置自己孤立于海上。

日本国的诞生

当时，倭国的中心人物天智天皇，在面对这种紧急事态所采取的手段就是解散由倭国和诸国组成的旧联盟组织，重新创建一个覆盖整个日本列岛的统一国家，并于公元 668 年在大津即位，采用"天皇"的王号。而唐军则在同一年，灭了高句丽王国。

天智天皇在这样的国际形势下，派遣唐使前往大唐。一行人在第二年谒见了唐高宗，祝贺大唐征服高句丽。这是倭国最后的遣唐使。

同样，在公元 670 年年末，前往新罗的使者告知国号改为"日本国"。这就是新的统一国家——日本的诞生。然而，以"日本国"的名义派出遣唐使，首次造访长安，已是 30 多年后的公元 702 年。

第七章

《魏书·东夷传》的世界

3世纪的东北亚地区

晋朝陈寿所著的《三国志》第一部《魏书》第30卷为《乌丸鲜卑东夷传》。其内容分为前半部的《乌丸鲜卑传》和后半部的《东夷传》，并各有一篇序文。

"乌丸"和"鲜卑"是分布在大兴安岭山脉东坡至蒙古高原一带的游牧民族。

而《东夷传》，内容主要是针对"夫余""高句丽""东沃沮""挹娄""濊""韩""倭人"这7个种族。他们是从中国东北部到韩半岛、日本列岛一带的居民。《东夷传》中最后"倭人"的条目就是所谓的《魏书·倭人传》。

下面我来介绍一下《魏书·倭人传》是如何描述3世纪的东北亚地区的。

关于居住在韩半岛的种族，最早出现在中国记录当中的是"朝鲜""真番""临屯"三族。由于是记载在《史记》当中，所以应该是公元前2世纪后半期到公元前1世纪初的司马迁时代的知识。这大概是汉武帝于公元前108年征服朝鲜王国之后得到的情报。朝鲜是分布在现在大同江溪谷至汉江溪谷一带的居民，真番是洛东江溪谷的居民，而临屯则是东岸日本海沿岸的居民。

公元 1 世纪末，班固的《汉书》中多出了"濊"或是"秽貊"，还有"辰国"。这是因为现在存留的《史记》当中，司马迁记载汉武帝治世的《今上本纪》早已失传，而《汉书》收录的是《封禅书》的一部分摘录。《汉书·武帝纪》中，元朔元年（前 128 年）秋天的条目记载："东夷濊君南间等口二十八万人降，为苍海郡。"

相同的事件在《史记·平准书》中记载："彭吴贾灭朝鲜，置沧海之郡。"然而，与《平准书》的内容几乎一模一样的《汉书·食货志》中却又记载："彭吴穿秽貊、朝鲜，置沧海郡。"两者相比，应该是《汉书》的字形正确。《史记》中的"贾"应是"穿"的误记，而"灭"则是"濊"的误记。濊与秽貊属于同一种族，是分布在中国东北部至韩半岛一带山地的居民。至于"沧海郡"，也就是"苍海郡"。

另外，《史记·朝鲜列传》中关于被汉武帝讨伐的朝鲜王右渠，有记载道："真番旁众国欲上书见天子，又拥阏不通。"

也就是说，朝鲜王虽然上书希望面见汉武帝，但书信却受到阻碍而无法送达。相同的事情，在《汉书·朝鲜列传》中记载的不是"真番旁众国"，而是"真番、辰国"。这里出现了"辰国"。"辰国"同后来《魏书·东夷传》中的辰韩、弁辰应该有所关联，而且辰韩、弁辰的住地恰好正是真番的旧地。有关这些文字上的差异，究竟《史记》中的"众国"和《汉书》中的"辰国"哪一个才是正确的呢？在这里讨论也没有多大的意义，主要是希望大家注意到"韩"这个种族名称在这个时代还尚未出现。

这表明至少在《史记》作者司马迁的时代，尚不知"韩"的名称。而且，就算到了《汉书》作者班固的时代，"韩"也还没有作为一个种族的名称固定下来。

公元 44 年，正好是班固 13 岁，也是东汉光武帝的建武二十年，这一年"韩"的称呼首次登上了历史舞台。《后汉书·光武帝纪》中记载，该年"秋，东夷韩国人率众诣乐浪内附"，即表明了友好之意。《后汉书·东夷列传》当中也记载了"建武二十年，韩人廉斯人苏马諟为汉廉斯邑君，使属乐浪郡，四时朝谒"，即东汉承认乐浪郡具有每季来访、受到招待的权力。

然而，严格来说，这并非第一次看到"韩"这个种族名称。《后汉书》并非公元 1 世纪光武帝当时的史料，而是公元 5 世纪南朝宋的范晔所著。他应该是强烈地受到了公元 3 世纪晋朝陈寿所著的《三国志》的影响。

尤其是《后汉书·东夷列传》，几乎全部取自于《三国志·魏书》中的《乌丸鲜卑东夷传》，也就是所谓的《魏书·东夷传》。不过，与其说这是受到《三国志》的影响，还不如说其实范晔多半是抄写了比《三国志》早完成的、由晋朝王沈所著的《魏书》。无论如何，范晔在编纂《后汉书》时，无疑已经从《魏书》或《三国志》的详细记载中，获得了公元 3 世纪有关"韩"的资料。

因此，尽管《后汉书》中出现了"东夷韩国人"或"韩人廉斯人"的记载，也不能仅凭这一点就判断出在公元 1 世纪的东汉官方记录中，就已经使用了"韩"这个字来记录公元 44 年的这次朝贡。

其实，在《后汉书·东夷列传》中称苏马諟为"韩人廉斯人"，这本身就是一种非常奇怪的写法。也许原本就多写了一个"人"字而应该是"韩廉斯人"，也许是在抄写时的误写，在此就不再做进一步的探讨了。不过，值得注意的是，光武帝授予苏马諟的称号仅为"汉廉斯邑君"，并没有加进"韩"字。

汉朝人口锐减的影响

我们应该把公元 44 年的"汉廉斯邑君"与 13 年后的"汉委奴国王"同等看待。这两个称号的出现，反映了汉朝的人口变动。

《汉书·地理志》记载，在西汉平帝元始二年（公元 2 年），当时的总人口数为 59594976（约 6000 万）人。这是王莽篡位前夕的人口数字，表示人口处于过剩的状态。之后，汉朝的人口由于王莽末年的内乱而锐减，据《汉书·食货志》记载，人口只剩原来的五分之一，大约是一千几百万人。王莽政权灭亡之后，东汉光武帝平定内乱、消灭割据政权，而在他去世的公元 57 年，人口仅为 21007820（约 2000 万）人。这一数字可信度比较高，是因为根据其后直到东汉末年为止的人口数量倒推回来，都是以该数字为基础，按每年 2% 的比例增加的。

汉光武帝是于公元 37 年再度实现统一的。假设人口从这一年开始恢复，根据每年 2% 的人口增长率，如果想要人口在 20 年后的公元 57 年达到 2100 万人，则公元 37 年的总人口数量必须是大约 1500 万人。从这里也可以看出，《汉书·食货志》中关于人口一下子锐减至原来的五分之一的记载是真实的。

人口数量从六千万一下子锐减至一千几百万人是一种超乎想象的巨变。这一变化显然深刻影响了社会的各个方面，汉朝对境外各种族的政策当然也有所改变。其结果就是，出现了所谓的"汉廉斯邑君"和"汉委奴国王"。

韩半岛自从公元前 108 年汉武帝灭朝鲜王国，设置乐浪、真番、临屯、玄菟四郡起，一直都在汉朝政府的直辖之下。经过汉武帝长达 54

年的在位期间不断推行积极的内外政策，汉朝的财政濒临破产。公元前87年汉武帝死后，汉昭帝于公元前82年废止了真番郡，将其与乐浪郡整合。临屯郡同样也被乐浪郡收归，但具体时期不明。

就这样，只剩下乐浪郡负责维持韩半岛的治安。其后，在以汉昭帝为首的历代皇帝的努力下，如前所述，总人口终于在公元2年达到了近6000万人的盛况。而这6000万人一下子锐减到1000多万人，当然是无法再维持原本的郡县制度。汉光武帝于是对人口过少的城市进行整治，废止了八郡和四百余县，加以整合。之前一直管辖韩半岛的乐浪郡，无疑实力也大幅减弱了。

根据《后汉书·光武帝纪》和《循吏列传》的记载，公元25年，当地一位名为王调的人杀了乐浪太守刘宪，自称大将军和乐浪太守，公元30年，光武帝派遣乐浪太守王遵讨伐，王调最后被部下所杀。

另外，根据《魏书·东夷传》的记载，公元30年，边境的郡都尉（军司令官）被废止。其结果是，当时驻扎在乐浪郡不而县、负责镇守"领东七县"（即韩半岛脊梁山脉东侧临屯郡故地）的东部都尉也遭到废止，七县濊族住民的酋长们获封县侯之位。《魏书·东夷传》虽然没有相关记载，但驻扎在昭明县、负责镇守真番郡旧地的南部都尉无疑也同样遭到废除。晋朝司马彪的《续汉书·郡国志》中提到"昭明"为乐浪郡十八城之一，但不能确定这个"昭明"就是西汉时代南部都尉驻扎的昭明县。

不过，东部都尉的废止与放弃领东七县无疑促使了"濊"的政治发展。南部都尉的废除，也是汉朝实力极端衰弱下的结果，这些都严重影响了韩半岛南部的原住民。

西汉初期的情况

我们在此回顾一下西汉初期的情况。据《史记·朝鲜列传》记载，最开始，燕王国在全盛时代就已经征服了真番和朝鲜，在当地设置官吏，并在边境修筑要塞。燕国从易王于公元前323年与韩、赵同时称王之时开始成为大国，而燕国也是在公元前4世纪末至公元前3世纪初，将韩半岛收归管辖的。

《史记·朝鲜列传》中还记载，秦灭了燕之后，真番和朝鲜属于辽东郡的境外。这种写法非常模糊，很难判断秦的时代是否也和燕的时代相同，因为都有派遣官吏驻扎真番、朝鲜，维持要塞。不过，《朝鲜列传》后面的记叙中提到，朝鲜王卫满逃到原属于秦的边境要塞，从这里可以看出，在秦的时代，韩半岛上也有秦的机构。"属于辽东郡境外"表示的应该是该机构的直接负责人是辽东太守的意思。

秦末至汉初这一阶段，与200年后的王莽至光武帝时期非常相似。因此，西汉第一位皇帝汉高祖实行的对外政策同之后的光武帝采取的政策也别无二致。《史记·朝鲜列传》中记载，汉兴起后，由于真番和朝鲜太远而难以防守，于是在辽东郡的边境修筑要塞，以浿水（清川江）为界，隶属于燕。这个"燕"指的是复兴后的燕王国。

经常有人说，西汉高祖是鉴于秦始皇郡县制度的失败而改为实行郡国制度。这其实是不懂历史的人说的话，西汉高祖绝不是照旧复原秦的统一。在当时，汉王国是诸多并立王国中的一国，汉王充其量不过是其中的代表，拥有皇帝的称号罢了。

因此，西汉初期的辽东郡并非汉皇帝的辽东郡，而是复兴后的燕王国的辽东郡。《史记·朝鲜列传》所记载的"朝鲜王满者，故燕人也。自始全燕时尝略属真番、朝鲜，为置吏，筑郓塞。秦灭燕，属辽东外徼。汉兴，为其远难守，复修辽东故塞，至泪水（清川江）为界"，其主体是燕王国。这种记叙方式显示出，对于燕王国而言，中原方面的国境防卫是第一要务，因而要从韩半岛抽手出来。

然而，到了公元前 195 年，汉军灭了黥布、陈豨之后，燕王卢绾逃到匈奴，燕王国覆灭，辽东郡成了皇帝的直辖地。据《史记·朝鲜列传》记载，此时，燕人卫满逃亡，带着同党千余人向东方逃出了边境，渡泪水，以名为上下鄣的秦旧空地要塞为根据地，逐渐让真番、朝鲜的异族，以及原来燕王国和齐王国的逃亡者服从他的命令，他成了他们的王，并以王俭为首都。当时，正值惠帝、吕太后时期（前195—前180年），汉朝才刚刚进入稳定期。于是，辽东太守与卫满缔结条约，让他们成为皇帝的盟友，以统治境外异族，防控他们侵犯汉朝边境。若异族的酋长们想要进入汉朝晋见皇帝，朝廷也不会禁止，但要由辽东太守向皇帝报告，获取批准后才能晋见。

汉辽东太守采取的这些措施，表示将维持国境外治安的工作委托给了卫满。卫满负责与汉皇帝和异族酋长们之间的交涉，分担了之前由辽东郡负责的重要职责。作为交换条件，汉朝承认其朝鲜王的称号，让他在面对异族的时候，可以利用与皇帝之间的特殊关系。

卫满与辽东太守缔结特别约定时，势力并不强大。但等到汉朝承认他朝鲜王的地位后，他利用与汉朝在军事和经济上的联系，势力一下子得以扩张，开始具备一个像样子的国家的雏形。关于这一点，在《史记·朝鲜列传》中有如下记载：

"以故满得兵威财物侵降其旁小邑，真番、临屯皆来服属，方数千里。"

下面，让我们回到东汉初期。

汉光武帝在公元 30 年废止了边境的郡都尉，意味着汉已经没有余力可以直接维持境外异族的治安，而人口的急速锐减，也导致边防兵力大幅减弱。面对这样的状况，汉光武帝能够采取的良策就是学习西汉惠帝、吕太后时代的辽东太守的做法，从异族酋长中选出一位友好之人，让他负责边境防卫，而且这也是花费最少的做法。

因此，公元 44 年的"汉廉斯邑君"和公元 57 年的"汉委奴国王"同过去的朝鲜王卫满相同，都是为了配合汉朝内部情况。他们一开始在异族之间的势力并没有多大，但借由与汉朝皇帝缔结特约而取得了军事和经济上的特权，并利用这些特权逐渐扩张势力。

就像这样，以他们为中心，被称为"韩"或"倭"的集团逐渐成长，发展成为具有各自特色的种族。

然而，远在海上、至今从未直接受到乐浪郡管辖的倭人，他们的名字已经出现在《汉书·地理志》有关公元前 1 世纪末东亚人文地理的叙述当中了，"乐浪海中有倭人，分为百余国，以岁时来献见云。"

无论实际情况如何，至少处于一个称得上是"国"的状态。

不过，"韩"并没有出现在《汉书·地理志》中，与"汉委奴国王"不同，"汉廉斯邑君"的称号中没有"韩"字。也就是说，倭的代表是与郡太守同等的"国王"，而韩的代表仅是与县令同等的"邑君"，这也显示出一直以来受到乐浪郡直接统治的韩半岛原住民，在政治上一直都没有获得成长的余地和机会。影响力如此微弱的韩，终于也有了飞跃性的成长机会。这个机会就是公元 184 年的"黄巾之乱"。

如前所述,东汉光武帝平定内乱之后,东汉人口以每年2%的比例逐年顺利增长。从公元57年的21007820人,增长到公元75年的34125021人、公元88年的43356367人、公元105年的53256229人,稍微有点儿人口过剩的趋势。之后人口略减,公元125年为48690789人,公元144年为49730550人,公元145年为49524183人,公元147年为47566772人,大概稳定维持在接近5000万人的适当规模。不过,之后人口又再度上升,公元157年达到了56486856人,之后又开始继续人口过剩的趋势。

公元184年,在东汉各地爆发"黄巾之乱"的起因之一就是人口过剩。平定叛乱的将军们争权夺势,最后演变成了内战,阻碍了粮食生产,致使人口又再度锐减,事态远比王莽末年还要严重。

晋武帝是在公元280年恢复了统一,实际上消耗了百年的时间。这严重影响了社会发展,当时甚至有人形容"今天下之户口(人口),当昔一郡之地"。

这并非夸张之词。在三国时代末期,也就是在魏合并蜀的公元263年,两国的人口合计仅5372891人。这个数字虽然不包括东吴的人口,但在"黄巾之乱"后,才有大量人口移居东吴占据的江南,因此不太需要过多考虑进去。在长江以北,锐减的人口必须维持粮食的生产,还要同时维持内战所需军备,所以人口一直无法恢复。从这些状况来考量,在公元184年"黄巾之乱"以后,中国人口减少到约为原来的近十分之一,确实是非常巨大的变化。

中国与东夷诸国

从汉朝到魏晋时期发生的巨大变化，也影响了韩半岛的人民。尤其是公元 189 年，东汉的辽东太守公孙度率辽东、玄菟和乐浪三郡独立，将兵力调往西面，韩半岛出现了权力真空的状态。《魏书·东夷传》中所说的"倭国乱，相攻伐历年"，就是表明了由于受到"黄巾之乱"的直接影响，依靠中国皇帝的权威而得势的"汉委奴国王"失去了权力的基础。之后，统属于邪马台国女王的倭伊都国王，应该就是汉委奴国王的后人。

韩半岛更是直接受到"黄巾之乱"的影响。《魏书·东夷传》记载，东汉桓帝、灵帝末年，韩、濊强盛而无法有效统管郡县，有许多民众流入韩半岛。这表示，在"黄巾之乱"时，中国人大量逃往韩人居住地避难，韩半岛于是出现了华侨的聚居地。与此同时，华侨的流入也带来了城市的发展与商业的发达。

《魏书·东夷传》在刚才引用的记述之后还有记载，在建安年间（196—220 年），辽东公孙康划分乐浪郡屯有县以南的荒地为带方郡，派遣公孙模、张敞等人收拢遗民，兴兵讨伐韩、濊，旧民渐出。之后，倭、濊隶属于带方郡。从这里可以看出，设置带方郡的目的，就在于收回因华侨移居而发展起来的韩半岛南部的权利。"黄巾之乱"后在韩、濊、倭出现的华侨社会，是在分析《魏书·东夷传》时必须深入考虑的重点。

公元 238 年，在司马懿的指挥下，魏军灭掉了公孙渊，乐浪郡和带方郡进入了魏政府的管辖之下。这一军事上的成功，改变了司马懿在政界的命运。司马懿原本被命令不得回都城洛阳，须直接前往长安赴任。然而，这时的魏明帝正处于生死边缘，他任命叔父燕王曹宇辅佐养子齐王曹芳。然而，魏明帝身边的中书监（皇帝的"首席秘书官"）刘放和中书令（"次席秘书官"）孙资一向与燕王曹宇一派不和，于是从中作梗，说服魏明帝更改决定，成功地将辅佐齐王的大臣改成了曹爽和司马懿。司马懿在赴任途中路过故乡温县时，突然被召回，接受了魏明帝的遗命。于是，司马懿一下子跃居政界的中心，终于在公元249年，发动政变，打倒了曹爽，独占了魏朝的实权。公元251年，司马懿去世后，相继由他的儿子司马师和司马昭掌权。公元265年，司马昭死后，他的儿子司马炎（武帝）取代了魏朝，开创了晋朝。

由于这样的内情，公孙氏过去占据的东北地区对于司马氏而言是"创业之地"，也是非常重要的地盘。从公元244年至公元246年，幽州刺史毌丘俭、玄菟太守王颀、乐浪太守刘茂、带方太守弓遵大规模讨伐高句丽、沃沮、濊、韩。这次作战与其说是为了魏朝，倒不如说是司马懿在扩大个人的地盘。因此，晋武帝即位之后，晋朝同样将重点放在东北地区。公元271年，晋朝政府任命在征服蜀地立下战功的卫瓘为征北大将军、都督幽州诸军事、幽州刺史和护乌桓校尉，派驻幽州（今北京）。卫瓘在公元278年回到中央担任尚书令（相当于日本的内阁官房长官），从他在幽州就任开始，就和东夷诸国保持了活络的外交。从《晋书·帝纪》中选摘相关记述如下：

咸宁二年（276年）二月，东夷八国归化。七月，东夷十七国内附。

咸宁三年（277年）是岁，西北杂虏及鲜卑、匈奴、五溪蛮夷、东夷三国前后十余辈，各率种人部落内附。

咸宁四年（278 年）三月，东夷六国来献。是岁，东夷九国内附。

咸宁五年（279 年）十二月，肃慎来献楛矢石砮。

太康元年（280 年）六月甲申，东夷十国归化。七月，东夷二十国朝献。

太康二年（281 年）三月，东夷五国朝献。六月，东夷五国内附。

太康三年（282 年）九月，东夷二十九国归化，献其方物。

太康七年（286 年）八月，东夷二十一国内附。是岁，扶南等二十一国、马韩等十一国遣使来献。

太康八年（287 年）八月，东夷二国内附。

太康九年（288 年）九月，东夷七国诣校尉内附。

太康十年（289 年）五月，东夷十一国内附。是岁，东夷绝远三十余国、西南夷二十余国来献。

太熙元年（290 年）二月辛丑，东夷七国朝贡。

永平元年（291 年）是岁，东夷十七国、南夷二十四部并诣校尉内附。

将上述《帝纪》的记载与同为《晋书·四夷列传》相对照，277 年、278 年包含马韩，280 年、281 年、286 年则包含马韩和辰韩，287 年、289 年、290 年包含马韩，但 276 年、282 年、288 年、291 年却不知道是哪些国家。想必倭国也被算在这些东夷诸国当中了。

张华

东夷诸国的绚丽登场并非是他们自发性的行为结果，而是晋朝方面积极推动下的成果。这一点从《晋书·张华列传》中可以看出。

张华是范阳郡方城（今河北固安）人，年轻时就失去了双亲，生活困苦，靠养羊为生。同乡刘放赏识他的才华，将女儿嫁给了他。这个刘放就是说服魏明帝立司马懿为辅政大臣的那个人。

在同郡人卢钦的推荐下，张华成了司马昭身边的人，从佐著作郎（编纂官辅佐）荣升长史（事务局长），兼任中书郎（皇帝身边的秘书官）。晋武帝即位后，他又担任中书令（次席秘书官），是朝廷的要员。然而，他因遭到贵族的嫉妒而被贬到地方，公元282年，以持节、都督幽州诸军事、领护乌桓校尉和安北将军的身份前往东北地方赴任。

根据《晋书·张华列传》的记载，张华在幽州任官期间，"抚纳新旧，戎夏怀之。东夷马韩、新弥诸国依山带海，去州四千余里，历世未附者二十余国，并遣使朝献。于是远夷宾服，四境无虞，频岁丰稔，士马（军队）强盛"。

然而，由于成绩过于显赫，就有人对张华执掌军权有所顾虑，于是张华被召回中央，担任太常（官内厅长官）。张华被召回的确切年代不详，但大约同公元287年开始改建太庙（祭祀帝室祖先的地方）属于同一时期。公元289年太庙修建完成，牌位奉迁，年末却发生梁柱倒塌的意外，张华因此遭到问责而被罢官。

第二年，晋武帝死后，由其次子司马衷继位，即晋惠帝。担任辅政的是杨骏，他是晋武帝的皇后（杨太后）之父。不过，晋惠帝并非杨太后所生，而是杨太后堂姐之子。再加上晋惠帝的皇后贾氏强势且聪慧，晋惠帝于是就被贾皇后牵着鼻子走。

到了公元 291 年，贾皇后找来镇南将军楚王司马玮，借助他的兵力发动了政变，杀了杨骏，废掉了杨太后，他们的同党一族、亲属等接连被判处死刑，其中一人就是负责东北关系的东夷校尉文淑。

贾皇后之后又命楚王司马玮杀掉势力庞大的太宰汝南王司马亮和太保卫瓘，再将罪责推到楚王身上，并借机杀了他。

张华参与了这场阴谋，并借此功劳回归中书监（皇帝身边的"首席秘书官"）一职。他的才略、卑贱的出身、中立的态度以及人望等使他得以被重用，公元 296 年，他晋升为司空（相当于副总理）。

然而，尽管张华努力不懈，但到了公元 300 年，握有军权的皇族之间爆发势力争斗，梁王司马彤和赵王司马伦发动政变，废了贾皇后，张华也被杀。这是"八王之乱"的开端，之后，晋朝的统一局面逐渐崩坏，中国开始进入五胡十六国（304—439 年）的时代。

由此，公元 291 年是晋朝政治动荡、开始走向破灭深渊的年份，之后晋朝再也没有余力介入境外。这时，由于东夷校尉文淑也被杀害，公元 291 年就成了东夷诸国朝贡的最后一年。

《三国志》的作者陈寿

《三国志》的作者陈寿是受到张华庇护的人，因此，《三国志》本身可以说是反映了张华的政治立场。

陈寿原本是蜀国的官吏，在父亲去世后的服丧期间生病了，于是让侍女服侍他用药，也就是让异性进入他的卧室。这被前来探望的宾客看到，认为他犯了儒教的戒律，在同乡之间引起轩然大波。也正因为此事，到公元 263 年蜀被魏合并之后，陈寿依然无法担任官职。

然而，他的才华受到张华的赏识，在张华的举荐下，陈寿成为孝廉，被任命为佐著作郎（编纂官辅佐）。他在担任著作郎（编纂官）时所写的《三国志》六十五篇备受好评，史官方面的才能让他声名远播。张华曾欣喜道："当以《晋书》相付耳。"

于是，张华推荐陈寿担任中书郎（皇帝身边的秘书官），试图将他放在晋武帝身边，但是在张华政敌的阻挠之下，陈寿被任命为长广太守，远离了中央。陈寿以母亲年迈为由推辞了这项任命，在与张华要好的镇南大将军兼都督荆州诸军事杜预的推荐下，被任命为御史治书（法务顾问官），但由于母亲过世，为了服丧不得不辞去官职。再加上他遵照母亲的遗言将她葬在洛阳，没有将遗体送回故乡巴西郡安汉县（四川南充），这一点让他饱受诟病，也因此无法复职。

数年后，可能是在公元 291 年回归中央政界的张华的斡旋下，陈寿被任命为太子中庶子（东宫的舍人，皇太子的副官），但尚未就任就因病在 65 岁时去世。陈寿死后，同乡人请愿正式承认《三国志》，朝廷于是命河南尹（河南郡的长官）和洛阳令（首都的市长）派人前往陈寿的家中抄写《三国志》。《三国志》才由此首度获得正史的地位。

陈寿出身于晋朝的旧敌国蜀国，原本就备受非议，但倚靠张华的知遇之恩而撰写成了《三国志》。而张华又是贵族们的眼中钉，仅凭借自身的才华和学识立足于政界。因此，《三国志》的书写反映了张华和陈寿的立场，参考的时候必须慎重。陈寿是史学大家谯周的弟子，《三国志》的写作方法被认为是"非常严谨简洁"。其实，所谓的简洁，说白了就是顾忌太多而无法多言。宋朝裴松之以补充《三国志》的事实为主，因而写下少见的注解，这件事本身就证明了陈寿在写《三国志》时遭遇了诸多阻碍。

在了解到《三国志》的编纂背景后再来看其构架，《魏书》三十卷、《蜀书》十五卷、《吴书》二十卷，全部都是整数，且《晋书·陈寿列传》中也写道："陈寿撰魏、吴、蜀《三国志》，凡六十五篇。"从中可以看出，现在流传下来的《三国志》并没有缺漏，非常完整。相当于《魏书》最后一卷的正是第三十卷《乌丸鲜卑东夷传》。

为何只有《东夷传》而没有《西域传》

问题是为什么只有乌丸、鲜卑和东夷有立传？为什么不记载其他异族呢？南蛮地处东吴的背后，与魏的交涉也许不多。但为什么连西戎也被排除在外呢？据《魏书·文帝纪》记载，黄初三年（222年）二月，鄯善、龟兹、于阗王派遣使者奉献，诏曰"西戎即叙，氐、羌来王，《诗》《书》美之。顷者西域外夷并款塞内附。其遣使者抚劳之"，其后，西域遂通，设置戊己校尉。

另外，据《魏书·明帝纪》记载，太和元年（227年）十月，焉耆王遣子入侍，太和三年（229年）十二月癸卯，因大月氏王波调遣使奉献，即以波调为亲魏大月氏王。

而且，根据《魏书·三少帝纪》的记载：

"（陈留王咸熙二年）闰月庚辰，康居、大宛献名马，归于相国府（司马炎府邸），以显怀万国致远之勋。"

魏国与西域有如此多的往来，为什么陈寿在《魏书》中不立《西域传》呢？关于"亲魏倭王"卑弥呼在《东夷传》中有如此详细的记述，但为何却不给在此之前的"亲魏大月氏王"波调同等的对待呢？

相关史料不可能没有。与陈寿同时代的鱼豢所著《典略·魏略》中设有《西戎传》，裴松之甚至在《魏书·东夷传》末尾的注解中引用了全文。《三国志》中设有《乌丸鲜卑东夷传》，却没有《西域传》，这一点绝非偶然，而是陈寿有必须如此做的充分理由。

关于陈寿编纂《乌丸鲜卑东夷传》的理由有如下几点：其一，东北方面的边境是司马懿讨伐公孙渊立下战功的地方；其二，这个地方也因此成了司马氏开创晋朝的基础；其三，这也是最重要的一点，张华在东北方面有着活跃的表现，陈寿对于这个地方的记述越详细，就越能彰显张华的功绩。

与此相反，关于西北方面，陈寿也有不得深入记述的原因。公元222年鄯善、龟兹、于阗的朝贡和戊己校尉的设置，公元227年焉耆王子的入侍，公元229年大月氏的朝贡，这些事情发生之时，担任魏国西北边境防卫的是曹操一族的曹真。公元219年，镇守汉中的魏国征西将军夏侯渊被蜀国刘备击败且战死之后，曹真成为征蜀护军，屯驻陈仓。翌年，曹操死后由曹丕（魏文帝）继任魏王，曹真成为镇西将军、假节、都督雍凉州诸军事。公元222年，曹真回到洛阳担任上军大将军、都督中外诸军事，授予节钺（可代行天子军政职权）。同年，鄯善、龟兹、于阗遣使朝贡，想必都是曹真的杰作。

公元 226 年，魏文帝死后，曹真顶着中军大将军、给事中的头衔，与陈群、曹休、司马懿一起接受遗言辅佐魏明帝，并晋升为大将军、大司马，继续积极防卫蜀国诸葛亮，后于公元 231 年去世。

曹真死后，西北的地盘由司马懿代管，但正统的继承人是曹真的嗣子曹爽。公元 239 年魏明帝去世时，受命辅佐魏明帝养子齐王曹芳的是任大将军、假节钺、都督中外诸军事、录尚书事的曹爽，与他并列的是司马懿。司马懿在公元 249 年的政变中杀了曹爽，夺取了魏国实权，这部分之前已做了说明。

开拓与西域诸国友好关系的是司马懿扳倒的政敌之父的功绩。陈寿受到司马懿之子司马昭身边的张华的庇护，且立场薄弱，要想在《三国志》中写《西域传》，显然会受到阻碍。也正因为如此，《三国志》中只有《乌丸鲜卑东夷传》。

众所周知，《魏书·东夷传》夸大了里程。《韩传》中将韩的住地写为"方四千里"，与《倭人传》中写从带方郡到狗邪韩国沿岸航路"七千余里"，二者相一致。另外，从带方郡到倭女王的邪马台国为"万二千余里"，而倭地的周旋（全长）为"五千余里"。一万二千里减去七千里正好是五千里，这一点也是吻合的。

这些夸大是为了同代表曹真功绩的"亲魏大月氏王"对抗，司马懿才会刻意创造了"亲魏倭王"。

比起拥有广大地域的贵霜帝国韦苏提婆二世，卑弥呼恐怕只是微不足道的势力而已。

正因为如此，为了司马懿的名誉，也为了晋朝的正统化，必须大幅夸大韩半岛与日本列岛的大小，并把邪马台国的位置搬到了遥远南方热带的"会稽东冶（福建省福州市）之东"，让它成为"所有无与澹耳、朱崖（海南岛）同"。

由于《魏书·东夷传》的背后有上述这些政治因素，所以在使用史料时必须特别注意。

马韩、辰韩与弁辰

《魏书·东夷传》中关于马韩、辰韩与弁辰的记载比较详细。

首先，马韩"散在山海间，无城郭"。在习惯城郭生活的中国人眼里，这里无疑是一个未开化的地方。不仅如此，"其俗少纲纪（规矩），国邑（国家城市）虽有主帅（酋长），邑落（聚落）杂居（混杂分布），不能善相制御。无跪拜之礼……其北方近郡（带方郡）诸国差晓礼俗（礼节风俗），其远处直如囚徒（囚犯）奴婢（奴隶）相聚……又诸国各有别邑（较远的聚落），名之为苏涂。立大木，县铃鼓，事鬼神。诸亡逃至其中，皆不还之，好做贼。其立苏涂之义（意义），有似浮屠（佛教徒），而所行善恶有异"。

此外，还有对马韩居所的观察，"作草屋土室，形如家，其户在上，举家共在中，无长幼男女之别……不知乘牛马，牛马尽（屠杀）于送死（葬礼）"。

相对于马韩，对辰韩的评价就颇高。与没有城郭的马韩不同，辰韩有城栅。相对于不知礼的马韩，辰韩关于嫁娶的礼俗遵循男女有别的原则。有关这个风俗的记述如下："行者相逢，皆住让路。"另外，马韩不知乘牛马，而辰韩"乘驾牛马（骑乘或是拉车）"。

此外，同辰韩杂居（混合居住）的弁辰也有城郭，服装、居所皆与辰韩相同，语言、习俗相似，服装整洁，法俗严峻（严格）。

如此看来，住在靠近带方郡的马韩是未开化的地方，反倒是较远的辰韩、弁辰文明开化，在城郭内过着都市生活。

而且，辰韩的商业非常发达。据《魏书·东夷传》的记载，"国出铁，韩、濊、倭皆从取之。诸市买皆用铁，如中国用钱，又以供给二郡（乐浪郡和带方郡）"，就是最好的证据。可见，连接乐浪郡、带方郡、濊、韩、倭的商业网是以辰韩为中心展开，用铁当做交易的货币。

说到城郭都市与商业网，这些全都是中国式文明。实际上，如果按照《魏书·东夷传》的说法，那么辰韩无疑就是华侨之城。

根据传说："自言古之亡人（逃亡者）避秦役来适韩国，马韩割其东界地与之。"辰韩的语言与马韩不同，辰韩人将国称作"邦"，将弓称作"弧"，将贼称作"寇"，将行酒（酒宴）称作"行觞"，彼此互称"徒"。可见，辰韩的语言包含有陕西方言的要素，同河北方言和山东方言不同。

另外，称乐浪郡人为"阿残"，这是因为东部的人称"我"为"阿"，而乐浪郡人原本又是代表残余之人的意思。现在也有人称之为"秦韩"。

从上面的记述中可以明显地看出，辰韩人的语言就是古汉语。尽管不可能将所有辰韩人都视为是中国移民的子孙，但是，至少可以确定的是，经营城郭都市、从事商业活动、说着带有陕西腔的中文、被称作"辰韩十二国"的城市国家联盟，其居民主体来自于西汉以来连续不断从社会大动荡中逃亡到马韩住地以东的中国人。这也是辰韩比马韩更加开化的原因。

那么，为什么位于马韩东界的辰韩会如此发达呢？其原因在于交通。据《魏书·东夷传》记载，辰韩十二国、弁辰十二国彼此杂居，没有所谓的各自独立领土。然而，奇怪的是，辰韩十二国的辰王却并不在辰韩之地，而是在马韩的月支国。有如下记载："辰王常用马韩人作之，世世相继。"

这表示辰王并非我们所想的是一个领土国家的统治者，而是辰韩十二国城市联盟的利益代表，为了方便同中国的官吏交涉，所以居住在距离带方郡较近的马韩月支国。由于辰王是由中国任命，尽管是世袭制，但没有中国的承认就无法就任。

弁辰十二国也有一个王，不过，弁辰王恐怕也和辰王相似吧。也就是说，韩半岛的东南角，相当于现在的庆尚南北道，有着二十四个中国式的城市，他们各自加入两个不同的商业联盟之一，这两个商业联盟分别就是辰韩和弁辰。

弁辰十二国被认为是后来的加罗（伽倻）、任那诸国的前身。事实上，《魏书·东夷传》记载的弁辰安邪国是安罗（咸安），弁辰狗邪国（狗邪韩国）是金官加罗（金海）。另外，六伽倻之一的固城在《魏书·东夷传》中是以弁辰古资弥冻国之名出现的。

那么，问题是这些六伽倻诸国，即咸昌、星洲、高灵、金海、咸安和固城，全部都分布在洛东江右岸，位于带方郡至倭国的交通线路上。

从大同江左岸乐浪郡所在的朝鲜县开始顺路南下韩半岛，不出大同江口而进入载宁江，从瑞兴江越过车岭再顺礼成江而下，之后从汉江往上，在忠州越过鸟岭出洛东江上游，就到了咸昌。然后经星洲、高灵、咸安和金海往下就可以出海了。考虑到海流方向，从固城前往对马，再从对马进入倭国。

当然，六伽倻并不完全就是弁辰十二国。不过，从分布可以看出，辰韩十二国和弁辰十二国的本质就是商业交通线路上的城市联盟，是由华侨创造出的文明成果。

第八章

日本的诞生

从奴国到卑弥呼——从 1 世纪到 4 世纪初叶

⌘ 都市联盟的 1 世纪王权

公元 57 年，随着最初的王权诞生于博多，日本列岛的政治史开始了。

这一年，汉光武帝给博多的倭人酋长封王。在《后汉书·光武帝记》中元二年正月这一节中，记载有"东夷的倭奴国王遣使进贡"，在《东夷列传》中也记录了这一事件，"建武中元二年，倭奴国进贡朝贺，使者自称大夫。位于倭国极南界。光武帝授印绶。"

这时期，光武帝赐予倭王的"印"，应该就是 18 世纪末，江户时代的天明年间，在博多湾志贺岛被发现的"汉委奴国王"金印。所谓的"绶"，是指穿过印章顶部开孔、拴于印纽上的丝带。"印"和"绶"在中国是地位与权威的象征。

公元前 108 年，汉武帝在韩半岛设立了真番郡、乐浪郡等四郡，从此，中国与日本列岛之间的交通和贸易进入了繁盛期。公元前 1 世纪末，日本列岛发展起百余座都市，被中国人称为"国"。其中之一的博多奴国，因其位于韩半岛通往日本列岛的入口港，贸易繁荣，于是成了倭人诸岛中的重要城市。

《后汉书·东夷列传》中称奴国位于"倭国的极南界"甚是奇怪，应是受《魏书·倭人传》的影响而做的误记。《后汉书》的作者范晔是

5 世纪时的人，生于南朝的刘宋时期，因而肯定是读过 3 世纪陈寿所著《三国志》中《魏书·倭人传》的内容。

《魏书·倭人传》中称，除了博多的奴国之外，还有另一个奴国，与女王定都的邪马台国之间夹着 20 多国，"此女王境界所尽"，其南有狗奴国，男子为王，不属于女王。想必范晔是将公元 57 年的奴国误以为是狗奴国之前的另一个奴国了。

且不论"极南界"，单凭《后汉书》中"倭国之极南界也"的说法，会让我们以为有一个名为"倭国"的幅员辽阔之国，其统治者就在领内的奴国。可是，这样的看法并不正确。范晔是 5 世纪时的人，他一直活到公元 445 年，非常了解同时代到访刘宋的倭王讚、倭王珍、倭王济的使者。这些倭王相当于以难波为中心繁荣发展的河内王朝的履中天皇、反正天皇、允恭天皇，在畿内拥有可以被称为王国的势力范围。3 世纪的《魏书·倭人传》中虽然也出现三次"倭国"的字眼，但其一是"倭人诸国"的简称，另外两次则是代表"倭女王国"，也就是邪马台国这个城市，绝非是指有一个名为"倭国"的王国。

就这样，过了一世纪中期，日本列岛最初的王权诞生了，但尚未可以称为王国，充其量不过是倭人诸城的联盟，而倭王是他们的代表。这种状态一直持续到半世纪后也未有改变。

根据《后汉书》的记载，公元 107 年，倭王曾再度派遣使者访问后汉的皇帝。也就是《孝安帝纪》永初元年十月记载的"倭国遣使奉献"，在《东夷列传》中也记录了"安帝永初元年，倭国王帅升等献生口百六十人，愿请见"。

这里的"倭国"和"倭国王"，如前所述，都反映了 5 世纪范晔所持有的观念，而实际上，这个名字的王国在 2 世纪初的时候并不存在于日本列岛。"帅升"是指获得"汉委奴国王"金印的倭王，也是倭人诸城联盟的代表。所谓"生口"是指奴隶，使者携 160 名奴隶作为礼物，献给了东汉皇帝。"请见"指的是出席朝廷定期举办的早朝向皇帝问候，而"愿"代表了使者口头传达倭王帅升有意愿亲自来访问皇城洛阳，向皇帝表达敬意。

年表　倭五王遣使

西历	国名	帝名	记事与书名
413	东晋	安帝	倭国献方物（《晋书》）。晋安帝时，有倭王赞（《梁书》）
421	宋	武帝	倭王讚朝贡，赐除授（《宋书》）
425	宋	文帝	倭王讚，遣司马曹达贡献（《宋书》）
430	宋	文帝	倭王讚遣使至宋，献方物（《宋书》）
438	宋	文帝	倭王讚死，弟珍立，遣使贡献。以珍为安东将军倭国王（《宋书》）（《梁书》称珍为弥）
443	宋	文帝	倭国济，遣使贡献。以济为安东将军（《宋书》）
451	宋	文帝	倭国王济加使持节都督倭、新罗、任那、加罗、秦韩、慕寒六国诸军事（《宋书》）
460	宋	孝武帝	倭国遣使献方物（《宋书》）
462	宋	孝武帝	倭国王济死。世子兴，遣使贡献（《宋书》），以兴为安东将军倭国王（《宋书》）
477	宋	顺帝	倭国遣使，献方物（《宋书》）
478	宋	顺帝	倭国王兴死，弟武立。武遣使献方物上表。以武为使持节都督倭、新罗、任那、加罗、秦韩、慕寒六国诸军事安东大将军倭王（《宋书》）
479	齐	高帝	以倭王武为镇东大将军（《南齐书》）
502	梁	武帝	以倭王武为征东将军（《梁书》）

ᔆ 卑弥呼登场的背景

博多的倭王在 2 世纪末没落。《三国志·魏书·倭人传》中的记载如下：

> 其国本亦以男子为王，住七八十年，倭国乱，相攻伐历年，乃
> 共立一女子为王，名曰卑弥呼。

这里所说倭王原本是男子，指的是公元107年的帅升。"住"代表了一定状态的持续，也就是说男子为倭王的状态持续了一段时间。倭人诸国发生战乱后，这个状态遭到中断，由女子卑弥呼在诸国的协议下被选为新的倭王。当时是东汉灵帝在位，结果发生了动摇东汉王朝的大事件，即公元184年的"黄巾之乱"，这刚好是在公元107年的77年之后。

"黄巾之乱"是名为太平道的秘密结社在全国统一发起的大叛乱。反叛军头绑黄巾为记号，因而被称作"黄巾军"。在此事件之后，军阀割据，东汉王朝权威丧失，揭开了三国时代的序幕。

东汉的这一大变动也波及了东北亚。关于韩半岛发生的变化，根据《魏书·韩传》的记载，"桓、灵之末，韩濊强盛，郡县不能制，民多流入韩国"。"韩"是指韩半岛南部平地的住民。人们就算逃离乐浪郡的统治而流亡韩人诸国，乐浪郡也无力阻止。很明显这是受到"黄巾之乱"的影响，而这一时期与日本列岛倭人诸国间发生战乱的时期相同。

总之，由于东汉政权衰弱，乐浪郡无暇管理日本列岛，结果使得至今为止依靠皇帝权威而存在的博多倭王没落，于是倭人诸国的联盟瓦解，引起了战乱。

之后，军阀公孙度于公元190年在辽阳自立。公元204年，公孙度

死后，其子公孙康继位。公孙康不仅在韩半岛，甚至在日本列岛都积极收纳逃亡的移民。

《魏书·韩传》中记载：

> 建安中，公孙康分（乐浪郡的）屯有县以南荒地为带方郡，遣公孙模、张敞等收集移民，兴兵伐韩濊，旧民稍出。是后倭韩遂属带方。

从倭被纳入带方郡管辖的这种写法看来，公孙康明显与倭人诸国代表的卑弥呼接触，并承认卑弥呼的王号。

公元238年，魏将军司马懿灭了公孙康的儿子公孙渊，平定了东北亚，将乐浪郡、带方郡纳入管辖范围。

翌年，卑弥呼派遣使臣访问洛阳，魏皇帝称颂司马懿的功绩，赠予卑弥呼"亲魏倭王"的称号。这时，卑弥呼的王权才首度正式得到中国皇帝的承认。

《魏书·倭人传》中包含女王的邪马台国在内，总共列举了倭人30国的名称，但这绝非代表当时的日本列岛就仅有这些"城市"。《魏书·倭人传》的记载是把最初的对马国、一支国、末卢国、伊都国、奴国、不弥国、投马国和邪马台国等8国，按各自的方向、距离，以及长官、副官的称号来记载的。这些应该是出自公元240年带方郡派遣至邪马台国的魏朝官吏所写的报告书。

相对于这8国，从邪马台国之后的斯马国到狗奴国的22国，仅列出了名称和顺序，可见参考的史料性质不相同。这应该是根据公元247年由卑弥呼派遣到带方郡报告与狗奴国男王卑弥弓呼之间战争的使臣带去的情报来写的吧。

由于有这方面的内情，因此《魏书·倭人传》中记录下了位于带方郡至邪马台国沿路，以及邪马台国至狗奴国沿路上的诸国名称，但当时日本列岛上的倭人诸国绝对不只这 30 国。

无论如何，《魏书·倭人传》记载的 30 国当中，除了邪马台国的女王之外，伊都国和狗奴国也都有自己的王，这一点很值得关注。《魏书·倭人传》里记载了伊都国的王，世世代代统属女王国，从位置来看，应该就是过去奴国"汉委奴国王"的后裔。即受到"黄巾之乱"波及而失势的倭人的后人。伊都国里有邪马台国女王特别设置的"一大率"，负责检察诸国，担任女王与魏朝廷、韩半岛诸国间的外交工作，延续过去奴国倭王的功能。

根据《魏书·倭人传》的记载，另一个狗奴国的男王并不隶属邪马台国的女王。

无论是邪马台国还是狗奴国，都不能确定其真正的位置，但若是硬要推测，由于从北九州的不弥国算起，第二国是邪马台国，因此邪马台国大约在向东越过关门海峡的濑户内海西部海岸。如果说邪马台国与"女王境界所至"的奴国之间诸国，皆是沿着航路从西向东并排于濑户内海沿岸，那么终点的奴国应该位于大阪湾难波的津。到此为止的诸国皆是支持邪马台国女王。如此一来，位于奴国之后、不支持女王的狗奴国应该就是纪伊国。当然这也只是一种猜测，并不能确定。

从《魏书·倭人传》中"倭女王卑弥呼与狗奴国男王卑弥弓呼素不和"的记述来看，在 2 世纪末战乱之际，狗奴国确实与邪马台国争夺倭人诸国的支持，以求获得王权，而且这一竞争长达 50 年都未分出胜负。

卑弥呼于公元 247 年去世，据《魏书·倭人传》记载：

> 更立男王，国中不服，更相诛杀，当时杀千余人。复立卑弥呼宗女（一族之女）台与，年十三为王，国中遂定。

发生这场骚动的原因是卑弥呼没有"夫婿"，当然也就没有子嗣。另外一个原因是，拥立男王这样实力雄厚的人，倭人诸城市联盟间的微妙平衡很容易就被打破。

简单来说，卑弥呼的王权是在中国皇帝的支持和倭人诸国的同意之下维持的，绝对称不上拥有强大的权力。

公元 265 年，司马懿的孙子司马炎（晋武帝）篡魏称帝，开创了晋朝。邪马台国女王由于与司马懿后代的交情，所以和晋朝也维持了友好关系，并接受晋朝的后援。然而，公元 300 年，晋朝发生"八王之乱"，社会陷入了混乱。以此为导火线，公元 304 年发生"五胡十六国之乱"，公元 311 年，匈奴军占领洛阳，掳走了晋怀帝。在此影响下，韩半岛的社会结构也随之发生变动。两年后（313 年），晋朝军队从韩半岛撤退，乐浪郡和带方郡灭亡。

韩半岛的晋朝势力就此消失。借由与之联手而维持地位的邪马台国女王也只能随之消失。无论是邪马台国还是卑弥呼，在后世日本的文献中都没有留下任何痕迹，就是因为倭王的王权在此曾经中断了。

河内、播磨、越前王朝——4 世纪后半期至 7 世纪初期

∞ 畿内倭国的起源

日本文献记载中，最古老的王权是 4 世纪后半期于难波成立的河内王朝。公元 720 年完成的《日本书纪》中，记载了该王朝的天皇（其实是倭王）：仁德天皇、履中天皇、反正天皇、允恭天皇、安康天皇、雄略天皇、清宁天皇等 7 代系谱与事迹。不过，关于河内王朝的原始史料均来自于公元 478 年倭王武（雄略天皇）写给南朝刘宋皇帝的书信。

《宋书·蛮夷列传》记录了这封书信，当中提到了王朝建国的过程：

> 自昔祖祢，躬擐甲胄，跋涉山川，不遑宁处。东征毛人五十五国，西服众夷六十六国，渡平海北九十五国。

这里的"祖祢"指的是"祖父祢"，"祢"是雄略天皇的祖父仁德天皇的名字。在中国古典的用法当中，"祢"是祭祀父灵的宗庙，因此至今为止的学说都把"祢"解释为"自祖先以来"，但其实并非如此。正确来讲，书信中想要传达的是仁德天皇的事迹。（"祢"本来的意思是指宗庙的建筑物，或是安置在宗庙里的牌位，而没有用来指生前父亲的例子）。

仁德天皇用武力征服的东方毛人五十五国应该是上毛野国（群马县）、下毛野国（栃木县）代表的关东地方诸国。而西方众夷六十六国则应该是九州诸国。之间的诸国在过去分成两派，分别支持邪马

台国的女王和狗奴国的男王，而如今再度联手，共同拥立仁德天皇为倭王。

倭王祢（仁德天皇）平定的海北九十五国指的就是韩半岛诸国。在韩半岛，占领乐浪郡旧地的高句丽王国于公元 369 年在故国原王的率领下开始南下，试图征服在带方郡故地独立的百济王国。百济王的太子贵须（近仇首王）与难波的仁德天皇结盟，承认仁德天皇为倭王，并特别打造了七支刀（又称六叉之剑）赠为信物。现存于石上神宫的七支刀上刻有公元 369 年的日期和下列铭文：

先世以来，未有此刀。百济王世子，奇生圣音，故为倭王旨造，传示后世。

由此，仁德天皇的倭王地位获得了外国的承认。公元 369 年可以视为河内王朝的建国之年。这就是畿内倭国的起源。

刘宋与河内王朝

得到倭国后援的百济于公元 371 年与高句丽再战，杀了故国原王。20 年后（391 年），倭国首次大规模介入韩半岛。高句丽《广开土王碑》记载：

倭以辛卯年来渡海，破，百残、□罗（新罗），以为臣民。

这无疑就是倭王武在书信中写到的"祖父祢平定海北九十五国"

之事。

百济原本是高句丽的属民，"倭破百济以为臣民"是高句丽站在自己的立场所写的。实际上，倭军的行为是与百济联手结成对抗高句丽的战线，压制高句丽派的新罗。之后，倭、百济的联军一直到公元407年为止，不断地在韩半岛与高句丽军战斗。

倭王祢（仁德天皇）大约就是在公元407年左右死去的，但是《广开土王碑》没有记载407年之后的战争。

从倭王武的书信或《广开土王碑》中，可以看到日本列岛内诸国之间的武力征服，但在《日本书纪·仁德天皇纪》中却完全没有相关记载。

相反，书中记载的是以难波为首都修建高津宫，在宫北挖掘江河，将大和川的水排入大阪湾，修筑茨田堤以防淀川泛滥，在都内建造从南门一直到丹比邑的大道，在感玖挖大水渠灌溉原野，开垦4万余顷的田地等等，有关河内国（大阪府、兵库县东南部）的开发事项，以及仁德天皇于生前修建百舌鸟耳原陵作为自己的墓地等，全部都是一些符合王朝建国君主形象的事迹。

公元412年，高句丽的广开土王死去，高句丽与倭达成和解。翌年（413年），高句丽长寿王的使者与仁德天皇之子倭王讚（履中天皇）的使者一同访问东晋朝廷。当时，手握东晋王朝实权的将军刘裕于公元420年自行称帝，开创宋朝（史称南朝宋），即宋武帝。

这个宋武帝同河内王朝的倭国，在倭王讚之弟倭王珍（反正天皇）、倭王济（允恭天皇），以及倭王济之子倭王兴（安康天皇）、倭王武（雄略天皇）两代人在位期间，历经五王，一直保持着友好的关系。

∽ 从畿内向东西扩展

《日本书纪·雄略天皇纪》中有几段显示河内王朝向东西扩张的记录。

其中之一就是播磨国（兵库县西南部）文石小麻吕的故事。播磨国御井隈有个叫文石小麻吕的人，力大胆壮，不遵守倭国法律，靠拦截行路的旅人和航行的商船来抢夺财物。天皇派遣春日小野臣大树率勇士百人烧了文石小麻吕的家。结果从浓烟中冲出一头一匹马大小的大白犬，攻击春日小野臣大树。于是，春日小野臣大树拔刀砍去，白犬又变回了文石小麻吕。

另一个故事讲的是伊势（三重县北部）的朝日郎。天皇派遣物部菟代宿祢、物部目连前去征讨伊势的朝日郎。朝日郎在伊贺的青墓迎击。朝日郎是一名神射手，射出的箭可以穿透双层铠甲。物部菟代宿祢下面的倭军无人敢攻，就这样过了两天一夜。于是目连亲自举刀，命部下大斧手持盾，二人一起进攻。朝日郎放箭射穿了大斧手的盾和双层铠甲，刺进身体。目连趁大斧手用盾为他掩护之际，斩杀了朝日郎。

在日本列岛，与征服东邻伊势、西邻播磨的河内王朝倭国并驾齐驱的大国是纪伊国（和歌山县、三重县南部）和吉备国（冈山县、广岛县东部）。在《日本书纪·雄略天皇纪》中也可以看到相关的一些记载。

其中之一记载的是吉备下道臣前津屋的故事。雄略天皇身边的吉备人侍从要暂时回国，却被前津屋扣留下来。天皇遣使召回了侍从，侍从回来后报告说：

> "前津屋，以小女为天皇人、以大女为己人，竞令相斗，见幼女胜、即拔刀而杀。复，以小雄鸡呼为天皇鸡，拔毛剪翼，以大雄

鸡呼为己鸡，着铃、金距，竞令斗之，见秃鸡胜，亦拔刀而杀。"

天皇听了之后派遣物部兵士 30 人，杀了前津屋及其一族共 70 人。

从这段文字记载中可以看出，吉备国与畿内的倭国属于相互竞争的对手。

另一段记载的是吉备上道臣田狭的故事。

雄略天皇听闻田狭妻子稚媛美貌，就任命田狭为任那国司，派遣至韩半岛，趁他不在之时召见稚媛。闻此消息的田狭便向新罗求助。正逢新罗与倭国不和，天皇于是派遣田狭和稚媛之子弟君讨伐新罗。弟君入百济，准备从此地前往新罗，但新罗国的神化身老妇，骗他说路途遥远，弟君遂放弃讨伐新罗，回到百济。田狭知道后很高兴，派遣密使告诉弟君："跨据百济，勿使通与倭国。吾者据有任那，亦勿通与倭国。"弟君的妻子樟媛看不惯这样的做法，于是暗杀了丈夫。

这段记载显示吉备国与倭国不仅是竞争关系，而且表明介入韩半岛是倭国和吉备国的共同事业。

与倭国通力合作介入韩半岛的不仅仅是吉备国，纪伊国也是与倭国对等的合作者，《雄略天皇纪》中有相关记载。

雄略天皇打算亲自出征、讨伐新罗，但在神明的告诫下放弃，改派纪小弓宿祢、苏我韩子宿祢、大伴谈连和小鹿火宿祢出征。由于小弓宿祢丧妻不久，天皇于是将吉备上道采女大海赐给小弓宿祢，一起出征。然而，谈连战死，小弓宿祢病亡。小弓宿祢之子纪大磐宿祢听闻父亲死讯赶往新罗，从小鹿火宿祢手中夺走了指挥权。小鹿火宿祢因此记恨大磐宿祢，于是韩子宿祢也对大磐宿祢产生了猜疑。

百济王听闻倭国将军们不和，就把大家找来进行调解。将军们在前往百济首都的途中，在河边相遇，最后大磐宿祢射杀了韩子宿祢。

采女大海带着夫君小弓宿祢的遗体回国，向倭国的大伴室屋大连寻求埋葬之地。天皇对室屋说："又汝大伴卿，与纪卿等，同国近邻之人。"于是，在河内南部靠近纪伊的田身轮伊造墓。小鹿火宿祢在陪同小弓宿祢的遗体回国途中向室屋说道："僕不堪共纪卿奉事天朝。"于是留在角国（周防国都浓郡、山口县南部、东部），成了角臣。

纪小弓宿祢之墓的这一由来显示出倭国的河内王朝与纪伊国的纪氏一族关系对等。

同样根据《雄略天皇纪》的记载，雄略天皇与吉备的稚媛生有磐城和星川两位皇子。葛城圆大臣之女韩媛则生有清宁天皇。

根据《日本书纪·清宁天皇纪》的记载，雄略天皇死时，吉备的稚媛曾与儿子星川皇子共谋，欲夺王位，而首先占据了大藏。大伴室屋大连调兵包围大藏，放火烧杀了吉备派。吉备上道臣等得知倭国内乱，率军船40艘挺进倭国。但是，听闻星川皇子被杀后就中途返回了。就这样，清宁天皇继位了。

清宁天皇无子，5世纪末清宁天皇死后，河内王朝的血统就中断了。

⁊ 播磨王朝与越前王朝

清宁天皇的皇后饭丰女王即位成为倭王，死后由饭丰女王的兄长、出身播磨国的显宗天皇即位倭王，建立播磨王朝。显宗天皇之后是由他的兄长任贤天皇继位，仁贤天皇之子武烈天皇于公元507年死后，播磨王朝的血统就中断了。

武烈天皇之后，继承倭国王位的是出身越前（福井县中部、北部）

三国坂中井的继体天皇，他开创了越前王朝。

继体天皇是和仁贤天皇的女儿手白香公主结婚而当上倭王的。而继体天皇和手白香公主之子钦明天皇是在两位同父异母的兄长（安闲天皇、宣化天皇）之后继承倭王王位的。

直至钦明天皇时代，倭国的统治权还是仅限于王朝发祥地越前，距离日本列岛的统一还很遥远。

《日本书纪·钦明天皇纪》中有这样一段记载可以看出当时的状况。

越前人向倭国的朝廷告发："高丽使人，辛苦风浪，迷失浦津，任水漂流，忽到着岸。郡司隐匿，故臣显奏。"天皇于是派遣膳臣倾子前往越前接待使团。高句丽的大使得知膳臣是倭国使者，就对道君说："汝非天皇，果如我疑。汝既伏拜膳臣，倍复足知百姓。而前诈余，取调入己。宜速还之，莫烦饰语。"

膳臣听闻后，便立即拿回贡品，还给了使者。

ᔆ 令人怀疑的推古天皇事迹

钦明天皇之后，由他与皇后石姬公主（宣化天皇之女）所生之子敏达天皇继位。

据《日本书纪》记载，敏达天皇之后由同母异父的弟弟用明天皇继位，用明天皇之后又是同母异父的弟弟崇峻天皇继位。崇峻天皇遭到暗杀之后，由用明天皇同母异父的妹妹，同时又是敏达天皇未亡人的推古天皇继承王位，成为女王；用明天皇的儿子，同时也是推古天皇女婿的圣德太子以皇太子身份担任摄政。

《日本书纪》中记载推古天皇的统治时期为公元592—628年，但这个倭国女王的年代和事迹却颇有疑点。

根据同时代公元 636 年唐朝编纂的《隋书·东夷列传》记载，公元 600 年，一位姓阿每、字多利思比孤、号阿辈鸡弥的倭王，派遣使者前往隋朝，这个王的妻子号鸡弥，太子的名字则是利歌弥多弗利。很明显，这是一位男王，既不是推古天皇，也不是圣德太子。公元 608 年，倭王多利思比孤又遣使去隋朝。翌年，公元 609 年，隋炀帝派遣裴清出使倭国。当时，裴清面见的倭王是一位男王。因此，想必《日本书纪》肯定是为了隐瞒某个重大事实，才会故意捏造这一时期是由女王推古天皇担任倭王的。

推古天皇死后继位的倭王是敏达天皇的孙子舒明天皇。舒明天皇并非推古天皇的血脉，他死后不久，圣德太子之子山背大兄王被杀。综合这些情况来看，《日本书纪》中关于推古天皇和圣德太子的记述，恐怕反映出了舒明天皇夺取倭国王位背后的黑暗内幕。而下令编纂《日本书纪》的正是舒明天皇之子天武天皇，因而如此推论是再自然不过的了。

据《隋书》记载，公元 609 年，出访倭国的隋朝使者裴清从百济经由都斯麻国抵达一支国，再到竹斯国，之后又到了秦王国，当地的居民都是中国人。从秦王国再途经十余国，裴清最终抵达倭国海岸，受到当地数百人的欢迎，并进入倭国首都邪靡堆，面见倭王。

在这些途经的诸国当中，竹斯国以东各国皆为倭国的附庸，也称同盟国。由此可以看出，日本列岛内部尚未统一，畿内的倭国充其量不过是倭人诸国中最有实力的一国。而且，在诸国当中，也有中国居民占多数的地方。

7 世纪后期日本诞生

ᔎ "日本" 与 "天皇" 的起源

倭国的政治史自公元 629 年舒明天皇即位后，终于迈入了历史时代。公元 641 年，舒明天皇死后，由皇后皇极（齐明）天皇继位成为女王。公元 645 年，她将王位禅让给弟弟孝德天皇，自称皇祖母尊。

据《日本书纪·孝德天皇纪》记载，当时，舒明天皇与皇极天皇（齐明天皇）所生长子天智天皇担任皇太子，实施了所谓的 "大化改新"。可是事实上，这个 "大化改新" 的内容不过是将公元 663 年白村江（锦江）战败后天智天皇所实施的日本建国事业篡改了年代，提前写在了这里。

到了公元 654 年，皇祖母尊皇极（齐明天皇）抛下孝德天皇移到大和的飞鸟。孝德天皇死在难波的京城。皇极（齐明天皇）再度回归倭国王位。

公元 660 年，唐朝联手新罗灭了百济。由于百济是倭国自河内王朝以来的同盟国，皇极（齐明天皇）因而决定复兴百济。公元 661 年，她将宫廷从难波经海路迁至博多。可惜壮志未酬，皇极（齐明天皇）于当年死于博多。

皇太子天智天皇继续留在博多指挥作战。公元 663 年，倭军舰队于白村江口的海战中被唐朝舰队全歼，作战失败，倭人被赶出了韩半岛。

这时，天智天皇立即着手统一大业。他将首都迁到近江的大津，并制定成文法典《近江律令》。其中规定，倭王今后对外自称 "明神御宇日本天皇"。

这就是国号"日本"和王号"天皇"的起源。

日本列岛内的诸国纷纷自发性解体,与旧倭国联合,逐渐形成新的日本国。

公元 668 年,天智天皇在首都大津即位,成为第一位日本天皇。这就是日本的诞生。

公元 670 年,日本建立了最初的户籍制度。

公元 671 年,日本政府任命了太政大臣、左大臣、右大臣、御史大夫以下的中央政府官员,实施了《近江律令》。

公元 670 年,被派往新罗的阿云连颊垂是以日本国名义对外派遣的第一位使节。

公元 671 年,天智天皇卒,日本国分裂。天智天皇之子,同时也是当时太政大臣的大友皇子占据大津,而天智天皇的弟弟天武天皇则占据飞鸟,形成对峙。第二年(672 年),天武天皇离开飞鸟,经由伊贺、伊势前往美浓,事态逐渐发展成内战。这就是所谓的"壬申之乱"。结果,大友皇子战败自杀,公元 673 年,天武天皇即位,成为日本天皇。

ﻬ《日本书纪》的创作

新生的日本国需要以新的自我认同为基础的历史。公元 681 年,天武天皇召集皇族 6 人与贵族 6 人设立委员会,下令"记定帝纪及上古诸事",开始编纂《日本书纪》,但一直到 39 年后的公元 720 年才编写完成。其内容中,没有把公元 668 年天智天皇即位作为日本建国的年代,而是再向前推了 1327 年,主张日本列岛自公元前 660 年神武天皇即位以来,就一直是一个统一国家,由万世一系的皇室统治,且否定日本建国受到过中国或韩半岛的影响。这种观念是错误的。

仔细分析《日本书纪》的皇室谱系，在编纂当时的皇室祖先——越前王朝的谱系之前，加入了非父系关联的河内王朝和播磨王朝的谱系。

显宗天皇、仁贤天皇、武烈天皇的播磨王朝与越前王朝第一任天皇继体天皇之间的联系，实际上是因为继体天皇同仁贤天皇的女儿结婚才产生的。也就是说，继体天皇继承的倭国王统是属于母系继承。然而，站在《日本书纪》的立场，唯有父系继承才是正统。因此，《日本书纪》将继体天皇的祖先神，也就是敦贺气比神宫的祭神写成名为"应神天皇"的王，应神天皇的五世孙就是继体天皇，用这种古老的假想皇室来合理化父系继承。

播磨王朝和之前的河内王朝都并非父系继承。由于河内王朝最后的清宁天皇没有子嗣，就由王妃饭丰女王继承王位。女王死后，由其兄长显宗天皇继位，开启了播磨王朝。这个王朝的交替更迭实际上也是母系继承。然而，主张男系主义的《日本书纪》却并不认同。关于播磨王朝的传承，显宗天皇是"于市边宫治天下的押磐尊"的子孙。《日本书纪》将传说中的名为"押磐尊"的王改写成河内王朝第二代履中天皇之子。甚至把原来是"押磐尊"远房子孙的显宗天皇写成了押磐皇子自己的儿子。就这样，《日本书纪》将河内王朝到播磨王朝用父系连接了起来。

在《日本书纪》编纂之时，河内王朝之前的倭国诸王谱系并未流传下来。在仁德天皇于难波开创河内王朝之前，倭王家并不在畿内，因此显然也没有传承下来。在《日本书纪》当中，是将越前王朝的祖先神称为应神天皇，当作是仁德天皇的父亲，将皇室的谱系向前延伸。

此外，在《日本书纪》中将仲哀天皇和神功皇后夫妇写作是应神天皇的父母。这二人也并非真人，而是公元661年，皇极（齐明天皇）为复兴百济停留在博多时于阵中显灵的神明，是香椎宫祭祀的神明。《日本书纪》记载仲哀天皇和神功皇后从一个港口到另一个港口，遍历海上，这反映了皇极（齐明天皇）随着倭国宫廷，从难波航海至傩之津（博多）的史实。另外，《日本书纪》把神功皇后的本名写成"气长足姬"，这是将皇极（齐明天皇）的亡夫舒明天皇的本名"息长足日·广额"改成女性化名字而来。

仲哀天皇在《日本书纪》中被写成是日本武尊之子。《日本书纪》中记述有关日本武尊的事迹与东国，尤其与伊势、尾张、美浓有很深的关系，但这其实是以天武天皇的行动为蓝本的。在公元672年壬申之乱中，天武天皇从奈良逃至伊势，在美浓（岐阜县中部、南部）、尾张（爱知县西半部）召集东国军队，于近江（滋贺县）的大津击败了大友皇子的朝廷。

根据《日本书纪》的皇室谱系记载，第10代崇神天皇之子是第11代的垂仁天皇，垂仁天皇之子则是第12代的景行天皇。而景行天皇的儿子是日本武尊。《日本书纪》中有关这三代天皇的事迹，全部是以舒明天皇、皇极（齐明天皇）、孝德天皇、天智天皇、天武天皇时代发生的事件作为蓝本的。

关于崇神天皇之前的第2代绥靖天皇至第9代开化天皇之间的8代，《日本书纪》仅记载了谱系，几乎没有记载任何事迹。

《日本书纪》中将神武天皇写为日本的第一代天皇。这个神武天皇也是在壬申之乱时，于大和的橿原显灵，助天武天皇派军的神明。在《日本书纪·天武天皇纪》中清楚地记载了这段史实。另外，《日本书纪》中记载了所谓"东征"的故事，讲述了神武天皇从九州南部的日向前往大和的橿原，在那里即位。故事中神武天皇自雄野上陆之后，经过吉野进入大和的路径，与壬申之乱时天武天皇派军行进的路径一模一样。

在壬申之乱中，天武天皇在逃往东国的路上，在伊势遥拜了天照大神。此时，中央才初次知道天照大神的存在。在《日本书纪》最初两卷的神话记载当中，伊奘诺尊和伊奘冉尊二位神明结为夫妻后，首先生下了日本列岛，接下来又生下海、川、山、木之神和草之神，之后又生下了执掌天下的日神，也就是天照大神。天照大神派自己的孙子天津彦彦火琼琼杵尊降临人间，来到日向高千穗的山峰。他的曾孙就是神武天皇。

就这样，天照大神成了《日本书纪》的神话主角，成了皇室的祖先神明。这主要是取自于天武天皇对天照大神的信仰，进而成了新生日本国身份自我认同的中心。

日本国和日本的历史就此诞生了。

第九章

神谕创造的“大和朝廷”

被发掘的太安万侣之墓

太安万侣之墓是在公元 1979 年被发现的。由于同时出土了刻在铜板上的墓志铭，所以证明这的确就是公元 723 年去世的太安万侣（官拜民部卿）的安葬之所。由于遗骨有火葬的痕迹，可见这位奈良朝的高官是一位虔诚的佛教信徒。

如果此人真的是《古事记》的作者，那么事情就变得有趣了。因为人们普遍认为《古事记》虽然使用的是汉字，但是用大和的语言传达并表现了日本受到外国文化影响之前的日本精神。相对于此，《日本书纪》是以中国思想为基础，依照中国人对国家的观念，用汉文撰写的书籍。

如果《古事记》的作者是这位虔诚的佛教信徒，那么传统的概念全部都有可能被推翻。

而事实上，《古事记》的作者并非太安万侣。《古事记》是比太安万侣时代更晚的 9 世纪平安朝初期的伪作。日本最早的典籍不是《古事记》，而是于公元 720 年完成的《日本书纪》。

《古事记》三卷的最开始，有一篇汉文的长序。这个序文中记有"和铜五年正月二十八日"（也就是公元 712 年的日期），以及"正五位上勋五等太朝臣安万侣"的署名。太安万侣的名字只是出现在这里，而正文当中没有任何一个地方有作者的名字。序当中最有名的记载就是天武天皇命舍人稗田阿礼诵习史料，元明天皇命太安万侣将史料整理成册。

然而，关于这个《古事记》的序文，有一点值得怀疑，其实早在公元 1768 年，江户时代的诗人贺茂真渊就已经提出质疑，认为这篇序文由时代晚于太安万侣的人所写。如果这一篇序文是伪作，那么就没有任何证据能证明《古事记》三卷和太安万侣之间的关联，毕竟正文当中并没有出现太安万侣的名字。

《古事记》是伪书

《古事记》序文的内容充满疑点。第一，当时朝廷的正式记录——《续日本纪》中虽然记载了太安万侣的事迹，但其中并没有提及元明天皇命令太安万侣编纂史书，也没有他将《古事记》献上的记录。如果《古事记》真的是敕撰的史书，那么一定会留下记录。从《续日本纪》的记录中看来，太安万侣不过是位平凡的官僚，也没有任何与历史编纂相关的经历。

第二，无论是奈良朝的哪一本书籍，都看不到《古事记》的名字，也没有一处引用《古事记》。只有《万叶集》卷二中引用了《古事记》，描述轻大郎女之恋："君之行，气长久成奴。"然而，这与现在看到的《古事记》是不同的书籍。证据就是，《万叶集》引用的"君之行，气长久成奴"是混合了汉字的音读和训读，而现在的《古事记》则是如"岐美贺由岐，气那贺久那理奴"这般，仅有音读。《万叶集》当中，越是年代久远的和歌，就越有使用汉字的训来标记日文的倾向，仅取汉字的音标记，则是年代比较新的和歌。像现在看到的《古事记》一般，完全用汉字的音来表示日文的每一个音节，代表年代较新。如此一来，在歌人大伴家持编纂《万叶集》的八世纪后半期，现今所见的《古事记》尚不存在。

第三，公元814年敕撰完成的《新撰姓氏录》当中，许多氏族的由来都是仔细收集《日本书纪》当中的记事而来，但没有一则取自《古事记》。这表明，就算到了平安朝初期，《古事记》依旧未被世人所知。

首先利用《古事记》来批评《新撰姓氏录》的不是别人，正是太安万侣的子孙多人长。多人长是当时数一数二的《日本书纪》学者，于公元812年奉命教授朝廷高官们《日本书纪》。《弘仁私记》是多人长授课的记录，他在序文中猛烈攻击《新撰姓氏录》，批评这本书没有参照《古事记》简直是不像话。

事实上，这是所谓由太安万侣所著的《古事记》第一次出现在世间。而且《古事记》当中，包括意富臣在内，许多关于从神武天皇分支出来的氏族，记述内容都非常不自然。意富臣也就是太安万侣的太朝臣，多人长的多朝臣。

第四，《古事记》的内容比公元720年的《日本书纪》还新。《日本书纪·神代卷》中关于日本神话的叙述，引用了许多不同的传说，而出处都用"一书"来代表。然而，当中没有任何一个传说与《古事记》完全一致。反而是从《古事记》中可以看出综合《日本书纪》和各种传说的"一书"整合而成的内容。

另外，编纂《风土记》的命令是在公元713年下达诸国的，相当于《古事记》的序文落笔年份的翌年。然而，编纂《风土记》是件大事业，所以公元 720 年的《日本书纪》等不及《风土记》完成。因此,《日本书纪》中几乎没有所谓出云神话的内容,但《古事记》中的出云神话却很丰富。这明显是参照了《风土记》而来,例如有名的大国主命和因幡的白兔神话,就是出自《因幡国风土记》,而《日本书纪》并没有记载这一则神话。

在《古事记》中,大国主命这位出云之神被推崇成是创造日本列岛的神明,记载了许多以他为主人公的有趣故事。然而,关于天照大神的弟弟素戈呜尊被逐出天上,降落出云,生下儿子大己贵神(大国主命)的故事,以及皇室祖先从天上降落人间的时候,大己贵神让出日本列岛引退的故事等,《日本书纪》中都没有提及。甚至连大己贵神的别名是大国主神这一点都没有出现在《日本书纪》的正文中,仅出现在引用的"一书"中。

总之,《古事记》并非太安万侣在公元 712 年编纂的著作,而是约百年之后,多人长根据《日本书纪》和其他资料编造而成,为的是主张自己氏族的由来比《新撰姓氏录》所写的高贵,这一点与公元 807 年由斋部广成编纂的《古语拾遗》相似。斋部是自古以来负责朝廷祭祀的氏族,但随着中臣氏的势力扩张,斋部氏面临着失去祭祀权的危机。斋部广成向平城天皇提出的陈情书就是《古语拾遗》,记载了自己氏族的传承,主张自古以来的权利。

《古事记》在文学上的价值毋庸置疑,被评为平安朝文学杰作,令人不禁梦想追求日本古代的浪漫,不过,它对于追究日本古代的真相却没有任何帮助。要追求史实还是必须从《日本书纪》着手。

尽管有诸多证据表明《古事记》是伪作,但是仍有许多人拒绝公开承认,主要是情感上的原因作祟。以本居宣长为首的江户时代国学者们主张，日本自古以来就有属于自己的纯粹文化。

　　本居宣长以为《古事记》做注的形式①，撰写了《古事记传》44卷。书中，本居宣长将《古事记》视为纯粹是用和语写成的书籍，将实际上用汉文写成的《古事记》，尽量翻译成古式的和语。就这样，本居宣长写成的就是现在通用的《古事记》。这本《古事记》完全失去了原本的样子，只是一些原本就不存在的文章。然而，本居版的《古事记》却将错误的先入为主的观念深植于一般人的心理。

追溯传说时代的天皇

℘《日本书纪》不仅仅是史书

　　《日本书纪》是日本最古老的历史书籍。不过，尽管古老，但并不代表其中所写的内容都是完全真实的。

　　尤其《日本书纪》不仅仅是史书。天武天皇从公元681年开始着手国史的编纂工作，经过39年的时间，在孙女元正天皇的时候完成。其成果就是《日本书纪》三十卷。

　　这时刚好是日本正在建国的时期。无论如何，最初出现"天皇"这个王号的确切史料是于松冈山古坟出土、写于公元668年的"船首王后墓志铭"，而"日本"这个国号是在公元670年阿昙连颊垂出使新罗时，

---

① 关于《古事记》伪作的详细论证，可以参考鸟越宪三郎《古事记是伪作吗？》(朝日新闻社)、大和岩雄《古事记成立考》(大和书房)、冈田英弘《倭国时代》(朝日文库)。

首度被国外所知。

从这个墓志铭可见，最初的"日本天皇"是天智天皇，而天智天皇举行即位仪式的公元 668 年，应该就是日本的建国年份。

天智天皇于公元 661 年随母亲齐明天皇移居九州，为了复兴前一年被唐、新罗联军所灭的百济王国而努力。然而，齐明天皇在北九州死去之后，救援百济的倭军于公元 663 年在白村口被唐、新罗联军击溃，倭人有史以来第一次被赶出了韩半岛。日本建国是巩固日本列岛居民的团结、渡过危机的最佳良策。

在这样的时期，由天武天皇（他推翻了兄长天智天皇之子大友皇子而获取皇位）着手国史的编纂，《日本书纪》显然不可能仅仅是单纯记录事实、忠实传承古老传说而已。作为建国事业一环的历史编纂，应是尽量避免提及对现政权不利的话，多记录对自己有利的事情。

尤其这是日本列岛第一次编纂史书，关于历史真相究竟是怎样的，尚且没有一个定论，因此可以大胆创作。对于近代的传说可能无法自由创作，但对于远古时代，想怎么写就怎么写。如果仔细阅读《日本书纪》就会发现，其实这样的倾向非常明显。

《日本书纪》三十卷当中，最初的两卷是《神代》，由于原本就不是人类的历史，对于考证古代的真相没有任何帮助。基本上，神话反映的都是撰写当时的现实，而非保存古老时代的记忆。反而是记述人类世界历代王者的故事，更有可能残留古老时代的印迹，然而，如果连这些王者都是虚构的，那就毫无办法了。于是，以天智、天武兄弟为出发点，向上追溯《日本书纪》中记载的 40 位天皇与皇后的系谱，其结果如下。

⑤ 王系的断点

首先，天智、天武兄弟的父亲，也就是于公元 629 年即位为倭王的第 34 代舒明天皇，是历史上毫无疑问实际存在的天皇（这里称作天皇仅是依照《日本书纪》的写法，当时尚未有天皇称号）。

然而，从再上一代的第 33 代推古天皇开始就存在疑点。《日本书纪》当中，这位女王于公元 592—628 年在位。然而，根据中国文献的记录，刚巧在这一时期，于公元 600—610 年担任倭王的是一个姓阿每、名多利思比孤、号阿辈鸡弥的男王，他有一个号鸡弥的妻子，另外也有太子。公元 609 年，隋朝皇帝派遣访问倭国的使者曾亲自面见过这个王，因此不会有错。

仅从这一件事就可以看出，舒明天皇之前的时代属于史前传说时代。也就是说，推古天皇的事迹和年代不值得相信，但当中却含有很深的政治含义。

这样说是因为，舒明天皇其实不是倭王之子，《日本书纪》本身就有其为了王位发生争斗之事的记载。根据书中的记载，舒明天皇的祖父是第 30 代的敏达天皇，敏达天皇死后没有将王位传给儿子，而是由弟弟用明天皇和崇峻天皇担任王位，后来又传给了用明天皇的未亡人推古天皇。这代表从舒明天皇起就开始了新的朝代。

在此之前的王朝是从敏达、用明、崇峻三兄弟的祖父，也就是第 26 代的继体天皇开始。由于当时倭国王家男系血统中断，于是从越前三国迎来仁贤天皇的王女，而继体天皇是因为与她结婚才成为倭王。这里又是另一个王系的断点。

之前的断点是第 22 代的清宁天皇与 23 代显宗天皇之间。清宁天皇没有子嗣，于是指定由从播磨收养的任贤、显宗兄弟作为继承人，而这两兄弟的父亲并非倭王。首先由弟弟显宗天皇即位，之后是由哥哥任贤天皇即位，任贤天皇的儿子武烈天皇也没有子嗣，这个王朝在此中断。

播磨王朝之前的倭王们分别是仁德、履中、反正、允恭、安康、雄略和清宁七代的河内王朝。这个王朝的真实性在公元1900年于稻荷山古坟出土的铁剑上的铭文上，得到了戏剧性的证实。

换句话说，如果将铭文上的"辛亥年"视为公元471年，则相当于《宋书》所说的倭王武的年代，倭王武被认为是第21代的雄略天皇。

《日本书纪》将雄略天皇的本名写作"幼武"，是铭文上"获加多支卤大王"的汉译。《日本书纪》的可信度因此一下子提升，也是无可厚非的事。然而，麻烦的是《日本书纪》中的雄略天皇住在泊濑朝仓宫，而并非铭文"幼武"上的斯鬼宫。另有一说是将铭文上的"辛亥年"视为公元531年，则这个大王是第29代的钦明天皇。因为钦明天皇曾住在几城岛金刺宫。然而，这一种说法似乎太过于抬举《日本书纪》的史实性。没有规定倭王住所只能有一处，反而是到处都有王的土地、财产，还有各个妻妾的住所，所以说王往来各处住所的说法比较自然。雄略天皇也有名为斯鬼宫的住处，而后钦明天皇还将其改建后继续居住。《日本书纪》当中记载下来的王宫也未必全面记载下了所有的王宫。

හ 最早的倭王——仁德

就算不论稻荷山古坟的铁剑铭文，也很少有人对河内王朝的倭王是否存在这点持有疑问。这是因为《宋书》当中出现了"赞之弟是珍、济之子是兴、兴之弟是武"这样的顺序,这与《日本书纪》的相关记载是一致的,如履中、反正、允恭是兄弟,允恭的儿子是安康的兄弟。履中、反正、允恭三兄弟的父亲是第 16 代的仁德天皇,可以从三个方面推断仁德天皇是实际存在的倭王。

第一,倭王武于公元 478 年写给南朝宋的皇帝的书信当中提到"祖祢",也就是自祖父"祢"的世代以来,不断进行海内、海外的征战。因此,最起码在赞、珍、济之前还有一代倭王。

第二,公元 369 年百济王世子贵须赠予倭王七把刀,可见当时已经有倭王。这时刚好是相当于赞的父亲的时代。

第三,《日本书纪》当中记载的有关仁德天皇的故事具有建国传说的性质,从内容可以看出他是后世人们记忆当中最古老的倭王。

例如,《新古今集》当中著名的和歌"登上高楼望世间,民家萧烟争上天",描述的就是仁德天皇为了拯救贫苦的百姓而在三年间免除课役、不让修缮宫殿的故事。

这看上去是在记述奉行儒教的圣帝的德政美谈,但实际上这是在叙述难波修缮高津宫的由来。接下来又记载了在宫北上町台地开凿堀江、促进大和川的排水、修筑田堤、防止淀川泛滥、开拓从鸡波京南门至丹比邑间的大道、在南河内进行灌溉工程开垦大农园等,进行了许多建国的国土改造工程。

这些是否都是在仁德天皇的时代进行的工程令人质疑,但最起码可以看出在《日本书纪》编纂当时的日本人,都有着仁德天皇是河内建国大王的这种印象。

并非实际存在的天皇的真面目

∞ 应神天皇以前的天皇并非真实存在

根据《日本书纪》中的记载，仁德天皇父亲是第 15 代的应神天皇，其实这个人物并不是实际存在的。他原本是越前王朝的祖先神。

其证据就是，《日本书纪》中仅记载继体天皇是应神天皇的五世子孙，却没有中间世代的名字。再加上应神天皇传说与越前角鹿（敦贺）的笥饭大神互换名字，拥有与神同样的名字，也就代表他就是神。此外，《日本书纪》当中仅有这一个天皇没有御陵，也就是说应神天皇没有陵墓。

在《雄略天皇纪》中有一段故事，记载的是：河内国飞鸟户郡的田边史伯孙在誉田陵下遇到一个骑着骏马的人，他和那个人交换了马，结果到了第二天早上，这匹马变成了土马。誉田是应神天皇的本名，但《雄略天皇纪》写的是"誉田陵"而非"礜田天皇陵"，且《日本书纪》当中，"陵"字的用法并不限于天皇之墓。如今，这个誉田陵被认为是应神天皇陵，那是因为晚于《日本书纪》、于公元 927 年完成的《延喜式》如此描写的关系，而应神天皇原本并没有御陵。除此之外，《应神天皇纪》中几乎没有以天皇为主角的故事，也显示出这个天皇是神而不是人。

∞ 海神仲哀、神功

《日本书纪》中记载应神天皇双亲是第 14 代的仲哀天皇和妻子神功

皇后。二人结为夫妻后，显露出海神的性格。

所有的记述都是关于二人从一个港口至另一个港口的海上移动，其中描述神功皇后远征新罗时，是海中浮起一条条的大鱼支撑着船只，海浪顺着船只冲向遥远的新罗国，让新罗国王投降。

不用说，仲哀和神功夫妻原本就是福冈香椎宫的神明，是海神。这是海神变成人类的王，而不是王死后被当作神明祭祀。而且，这二位神出现的年代很新，只能是公元 660 年百济灭亡、公元 661 年齐明天皇出征北九州时死亡和公元 663 年白村江战败的时期。

这是因为，仲哀与神功夫妻住在傩县的橿日宫，齐明天皇也住在娜大津的磐濑行宫，并在移居朝仓宫后死去。神功皇后和齐明天皇都在丈夫死后与新罗为敌，指挥作战，而神功皇后的本名"气长足姬"是将齐明天皇的亡夫舒明天皇的称号"息长足日广额"写成女性化的名字而已。

这只能解释成齐明天皇和天智天皇在异常紧张的情势下，于北九州的大本营召唤了这些神明。

有趣的是，《日本书纪》将神功皇后描写成传达神明旨意的巫女类型的人物。仲哀天皇在橿日宫计划讨伐熊袭，而神明则附身神功皇后，透过她的口进行阻止。神明答应赐予位于海的另一边的新罗国，要天皇祭祀自己。于是天皇登上高山眺望大海，但却看不到国家。听到天皇如此说，神明于是又附身神功皇后，说如果天皇不相信的话，那就赐予皇后胎中之子。天皇依旧执意征讨熊袭而失败，回到橿日宫后就突然死去了。

皇后进入斋宫，成为神主，命武内宿祢抚琴请神降临，唤中臣乌贼津使主为问神者。经过七天七夜，天照大神、稚日女神、事代主神、住吉三神相继借皇后之口报上名字，接受祭祀。想必这是在描述仲哀和神功二神于齐明天皇的大本营内第一次显现人间的情景。

神武以来 16 代是 7 世纪的投影

∞ 神武就是天武天皇

《日本书纪》记载的第一代倭王神武天皇，就是在这样的状况下为人世间所知。

根据《天武天皇纪》的记载，公元 672 年"壬申之乱"时，天武天皇为了逃离近江朝廷的压迫而逃出吉野，越过伊贺来到伊势，遥拜天照大神，进入尾张、美浓，动员二国兵力。另一方面，在大和，天武一方的大伴连吹负布阵飞鸟京，被近江军打败后逃往宇陀的墨坂，在这里与从伊势赶来的援军相会，一起退回金纲井。

在这里重整态势，但当地高市郡大领的高市县主许梅却突然不能说话。三日后神明附身，称："吾乃高市社之事代主神，又为牟狭社之生灵神者也。于神日本磐余彦天皇（神武天皇）之陵奉马及兵器。"又说道："吾送皇子（天武天皇）往美浓而归，今且立官军中而守护之。"又叮嘱："自西道军众将至之。宜慎也。"说完后许梅就恢复意识。天武天皇立刻命许梅祭拜神武天皇陵，这时，近江军果真从西面攻了过来。吹负大败敌军，反而向河内进军，占领难波，"壬申之乱"最终以天武天皇的胜利而落幕。

然而有趣的是，《神武天皇纪》中所见征服大和的故事，与这个

"壬申之乱"的史实非常接近。在熊野山中迷路的神武天皇由天照大神派遣的八咫乌带路，在他的帮助之下，大伴氏的远祖道臣命带军出宇陀，在这里击败了敌军，留下颂歌"神风拂兮伊势海，海上大石细螺蚀，似细螺兮吾子民，若螺蚀兮袭此丘，猛击袭兮取其敌，猛击袭兮取其敌"。

接下来，道臣命带军越过墨坂，大败敌军，与长髓彦对阵，这时天降奇瑞，飞来金色的灵鸥。长髓最终被友军所杀，征服大和的事业就此完成。神武天皇与事代主神的女儿结婚，于大和的橿原宫即位。

在明治以前，前往伊势祭拜天照大神的天皇只有天武天皇一人。

神武天皇受天照大神帮助而歌咏"神风拂兮伊势海"，因为神武天皇其实就是天武天皇。如此一来，大伴氏的远祖道臣命无疑就是大伴连吹负，而金色的灵鸥就是于金纲井出现的神明。至于被友军所杀的长髓彦除了是战败自杀的大友皇子之外别无他人。最先将神武天皇带到人间的事代主神当然就是神武天皇的岳父，即位之地是高市县主的故乡橿原，也就不是什么不可思议的事。

简单来说，《日本书纪》记载的神武天皇的事迹，大致上都是以"壬申之乱"中天武天皇的行动为蓝本创作出来的故事，在公元672年以前，甚至没有人知道神武天皇的名字。

∽ 日本武尊也是天武天皇

说到这里，《日本书纪》中被写作是仲哀天皇父亲的日本武尊，其实也是以天武天皇为蓝本创作出来的人物。

日本武尊最初征讨熊袭时，随行的也是美浓、尾张和伊势的人们，且在征讨东夷的时候遥拜伊势神宫、接受草薙剑、迎娶尾张氏的宫箦媛，后来他在美浓与近江边境的伊吹山发病，最后在伊势的能褒野死去。遗物草薙剑放置在尾张的热田社。日本武尊也拜天照大神，且与“壬申之乱”时的伊势、尾张、美浓这三个根据地颇有渊源。

再说说草薙剑。这把剑原本应该在宫中，公元668年被名为道行的僧侣偷盗，企图逃亡新罗未果。到了公元686年，天武天皇病倒，占卜结果说是草薙剑作祟的缘故，于是他命人立刻将草薙剑送到尾张的热田社。然而，天武天皇不久后依旧病逝。如此看来，草薙剑是天武天皇的遗物，这也是日本武尊就是天武天皇的明证。

就这样，从神武天皇至应神天皇的15代，也就是所谓大和朝廷的历代，在《日本书纪》当中记载的故事几乎全部都是从舒明天皇至持统天皇所在的7世纪历史时代的人物和事件的投影，没有任何可以确认是古老史实的证据，这到底是怎么一回事？

℘ 神明附身所诞生的历代天皇

在这里想起的是神功皇后被未知神明附身、口吐诸多神语的情景。

自公元681年天武天皇下令“记定帝纪及上古诸事”起，一直到公元720年《日本书纪》完成的39年间，除了文武天皇短暂的治世之外，皇位在持统、元明、元正三位女帝的手里，最后才由圣武天皇继承。

在这个时期负责编纂历史的史官，无疑为了手上值得记载的史料匮乏而发愁。就算把手里所有的古代王名全部加起来，也无法追溯到4世纪以前，更无法记载历代王者的事迹。但就算如此，还是必须写出些什么。

解决这个难题的应该就是高贵巫女的巫术。又或是持统天皇自己像神功皇后一般入坐斋宫、奉命修史的平群臣子首像先祖武内宿祢一般抚琴，而中臣连大岛像中臣乌贼津使主一般与神一问一答，将神谕写下来。

中臣连大岛是后来的藤原朝臣大岛，在公元 690 年持统天皇即位式上，他以神祇伯的身份担任宣读天神寿词的重要角色，因此由他向神提问也不是不合理的想象。

如果真的是这样，那么这就是古代的浪漫幻想。在昏暗的斋宫祭坛前端坐的高贵巫女，伴随她口里单调歌声传出的是无人知晓的古代王者和英雄们的谱系与事迹，还有帮助引导的琴音，以及在紧张的气氛下振笔疾书、写下神谕的人们。

这或许就是《日本书纪》参照的史料实际创作的情景吧。

也许有人会觉得怎么可能有如此愚蠢、不合理的事。然而，在 7 世纪末那样的年代，若想要追溯没有任何记录的古代真相，对于当时的日本人而言，召唤古人的灵魂来直接询问，也许是最合理的方法。毕竟神武天皇也是这样显灵在人们面前的。

第十章

新神话——"骑马民族说"

拨动心弦的"骑马民族说"

现在，说到日本建国就会想到骑马民族，说到骑马民族就会想到日本建国，这似乎已经成了一般常识，但这其实是非常令人困扰的事。

如今没有什么必要来说明，"骑马民族说"是江上波夫于公元1948 年提倡的学说，详细内容是"日本国家的征服王朝论"，主张东北亚系的骑马民族首先统治韩半岛南部，之后以弁韩（任那）为基地，进入北九州，再前进畿内，建立大和朝廷，成功在日本开创了最初的统一国家。

古代史大致都是如此，虽说江上氏的"骑马民族说"建立在薄弱的论证基础上，但也不完全是这样。他的这个构想非常雄伟且色彩丰富，马蹄声响彻云霄，如滚滚怒涛般南下韩半岛，分乘多艘小艇乘风破浪渡海而来的骑马民族形象，对于自日本有史以来一直在进驻军支配下的日本人而言，有一种奇妙的真实感，还有一种打破国史既有观念的痛快感。

再加上在江上氏首度发表这个学说后不久，金日成的朝鲜人民军跨越"三八线"，也如大浪一般逼近釜山，使得这个形象更具有现实感。

然而，就算是距离战后日本所处的环境已经很遥远的现在，不仅是一般人对于"骑马民族说"的古代史抱有兴趣，就连国史学的学者们都紧抱着这个学说，已经近乎是当成一种信仰，而对此我却总感异样。

身为骑马民族本家的历史与语言专家，我认为关于日本古代国家的形成，没有必要牵扯上骑马民族。日本列岛邻近中国，而韩半岛从很早以前就是中国的一部分，比起文献上没有任何证据的"骑马民族说"，讨论中国人在日本建国上扮演的角色才更为实际。

话虽如此，"骑马民族说"似乎拨动了身处现代的日本人心中的琴弦。为什么会如此呢？尽管我持怀疑态度，但是在现代日本，人们对于古代史的看法，恐怕依旧无法跳脱出《日本书纪》《古事记》等神话的框架吧。

不成熟的合理主义思想

《日本书纪》和《古事记》都在日本列岛历代天皇传说之前，设置了神代的篇幅，记述从天地出现开始，一直到天孙降临高千穗、日向的地神三代为止的神明系谱。

这些纯粹都是神话，起初并没有被作为人类历史描述的意思。皇室的祖先是从天而降的神，表示皇室是在日本列岛上出现，而非从海外而来。这种主张表明了日本皇室是在这片土地上产生的，因此拥有支配日本列岛的权利。

然而，拜明治时期传入的不成熟的合理主义思想所赐，让人无法诚实接受神就是神，神话就是神话，于是将从天而降的神曲解成从国外远渡而来的天孙族。由于原本就是神话，就算将神明写成是人类，乍看之下好像是合理的，但神话不可能成为历史，就好像零不管乘以多少都是零。

不幸的是，《古事记》的作者为了说明天孙为什么特地降临在日本列岛中最靠西的九州，于是让天孙说出了"此地者向韩国"这样的话。原本只是为了表达九州与韩半岛很近，但却被人认为是含有高天原在韩半岛或更远的地方之意。这样一来，这段叙述看起来就很像是证明天孙族来自海外的证据。而且，日本神话明明仅叙述了皇室血统的由来，但却被误解为日本民族起源的故事。

在这样的基础下，日本于 1945 年战败，神话被历史教育所替代。为了弥补这块不足，被导入的是日本考古学和《魏书·倭人传》。

然而，从日本的古坟中几乎没有挖出任何刻有 7 世纪以前文字的遗物。无论怎样拼凑陶器的碎片，也无法复原日本建国时代的史实。《魏书·倭人传》虽然是用文字记述，但其内容模糊，让人难以把握，就连至关重要的邪马台国所在地都无法确定。为此，在 1945 年之前，《魏书·倭人传》没有得到认真研究。就算是 1945 年之后，究竟该如何评价《魏书·倭人传》，学者们也持有不同的意见。如此一来，日本人得不到满意的答案也是无可厚非。

"骑马民族说"在这一点上，与崇神天皇从北九州上陆、天孙降临、神武东征等神话的模式非常相似。由于大家对《日本书纪》的故事熟悉度高、容易接受，而且"骑马民族说"继承的正是自明治以来将神话合理化的手法，也难怪自日本神话被驱逐以来，得不到满足的日本人会热烈欢迎"骑马民族说"。

神话不是历史，但神话可以解救饥渴的灵魂。可以说，"骑马民族说"正是现代日本的神话。

第十一章

日本人是单一民族吗？

日本人的纯粹民族意识

"日本人是纯粹的大和民族，自古以来就不曾受到外国的影响。因此，日本人非常优秀，在今日可以占据世界的领导地位。"相信这是日本人心底真正的想法。然而非常可惜，如果追溯历史事实，其实没有实际的证据能证明日本人是单一民族。既然如此，为什么日本人还是相信自己是单一民族呢？这一点是非常重要、也很有趣的问题。

从结论说起，日本于7世纪初建国，发生在这前后的事情，决定了日本这个国家的特性。之后也一直余波荡漾，迄今都无法摆脱。1300年后的今天，日本人依旧身负建国当时的日本认同，无论日本人如何反省，也无论外国人如何批判，都不是那么容易就可以改变的。

对于日本人和日本国家的自我认同已经深入骨髓，成了遮蔽日本人双眼的眼罩。就算是到了现在国际化的时代，这一点依然是造成日本人看不见世界问题的要因。想要清除这样的日本观和日本人观，基本上是不可能的，但最起码有必要认识到这个问题。

始于历史创作的自我认同

自我认同的基干是历史。当被问到"你是谁"的时候要回答名字。名字有姓，而姓是继承父母的。也就是说，自己是谁也就等于祖先是谁，换句话说，就是历史。什么样的历史创造出自己，这是自我认同的出发点。

不仅是个人，国家也是如此。刚创立的国家首先着手进行的就是撰写历史。如果没有撰写历史，那么就无法确定自己是什么人，也就无法确定这是一个什么样的国家。这是现实的政治问题。为了执掌国家之舵、合众人之力，就必须要有历史。如果没有历史，有神话也可以。

就像美利坚合众国——自建国起仅有 200 年历史的一个新的国家，也用伟大的神话来代替历史。

在美国的神话中，从事各种职业的众人乘坐"五月花号"而来，建立了美国。当然，冷静想一想这是不可能的事，且美国高中的历史课本中也找不到这段叙述，而这却是一般美国人普遍的认知与看法。

美国的另一个神话是，《美利坚合众国宪法》集结了人类有史以来最好的政治智慧。这种意识凝聚了美国。在合众国建国以前没有美国，也没有美国人，因此他们需要这样的神话。

日本建国的 7 世纪时期也是同样如此。在此之前，日本列岛是起源自各地的人们杂居的地带，原住民之间没有统一的意识，文化和语言也没有统一。日本就是在这样的情况下建国的。因此，建国后首先要做的就是创作名为"历史"的神话，借此植入"日本人"的意识。毕竟，以前根本没有"日本"这个国号。

在建国初期，为了创造"日本"这个自我认同的观念，于是统治者组织史官编纂历史，这就是公元 720 年完成的《日本书纪》。一般人们认为在《日本书纪》完成的 8 年以前，《古事记》就已经完成，但这是错误的说法。《古事记》其实是百年后平安朝初期的伪书（这一点在第九章《神谕创造的"大和朝廷"》中有详细叙述）。无论是从编纂的理由来说，还是从其内容的丰富程度来说，日本最初的历史书无疑就是《日本书纪》。

《日本书纪》最大的特征是编纂者把他们实际经历时期才制定的国号"日本"，追溯适用至公元前 660 年神武天皇即位之时。这是史实的扭曲，企图借此写法来主张日本列岛从很早以前就是"日本"，是一个明确的政治区域，上面的原住民一直以来都是接受天皇的统治。

虽然这违反史实，但书中进一步将天皇家的起源写成是降临鹿儿岛县雾岛山的神，因此神成了天皇家和隼人君主两方的祖先。

第一代的神武天皇从日向迁移到大和后即位。之后经过 860 年，第 14 代的仲哀天皇和妻子神功皇后为了征讨熊袭而前往九州。熊袭是南九州的古称。彼时，博多湾香椎宫的神明曾附身神功皇后下神谕道：

"天皇何忧熊袭之不服。是膂完之空国也。岂足举兵伐乎。愈兹国而有宝国。譬如处女之。有向津国。眼炎之金银彩色多在其国。是谓栲衾新罗国焉。若能祭吾者。则曾不血刃。其国必自服矣。"

仲哀天皇登高远眺大海却看不见神明所说的新罗国，于是拒绝祭神，执意攻打熊袭，败战后退回，不久之后便死去了。

神功皇后摄政，遣海人侦查西海是否真有国家存在。几日后，海人归来报告："西北有山，带零云横𦀛，盖有国乎。"神功皇后于是亲自出航，后来海上刮起大风，船队就随着海浪抵达新罗，最后新罗王投降。这就是所谓的"神功皇后的三韩征伐"。

《日本书纪》将这一件事的年份写成是公元 200 年。《日本书纪》主要想通过这个故事表明，日本列岛住民与韩半岛住民之间开始往来比日本建国还要晚许多，属于最近的事。

也就是说，日本人自公元前 7 世纪以来就一直只住在日本列岛上，直到建国 900 年后才首次知道亚洲大陆的存在。这无论怎么想都不是事实，而是颠倒了 7 世纪日本真正建国之前与亚洲大陆之间关系的历史。为什么必须做出与事实相反的主张，其动机和历史实情又是怎样的呢？让我来解释一下。

东亚史的实情

☙ 黄河中流域产生的文明

东亚的国家最先撰写历史的是中国文明。以黄河中游、洛阳盆地为中心的地区，最初在公元前 16 世纪至公元前 15 世纪左右产生了城市文明，并沿着交通要道，不断发展出呈锁链状分布的城市。关于黄河流域产生了城市文明的理由，一般都认为是受到黄河的惠泽而土壤丰沃所致，然而，这是一个天大的误会。

由于黄河在历史上是平均每三年就会泛滥两次的河流，居住在黄河下游三角洲地带的人们，不知道因此受了多少苦。为此，自秦始皇以来，中国历代王朝每年都会投入大量人力、财力来修筑堤防，但总赶不上黄河泛滥时的水量而决堤。

而且，黄河还是中国南北交通的一大障碍。下游三角洲地带如果不进行治水工程，那么每年到了泛滥期的时候，一直到地平线的彼端为止都是一片泥海。当水退去之后，流向则完全改变，再也找不到原本的河流去哪里了，这样的事情循环往复。因此，古代居住地只能在平原上突起的山丘。但这里不但不利于居住，而且饮用水也是一大问题。

那么，黄河上游又如何呢? 在被黄河分隔的山西省和陕西省，向南流向的河流附近区域的土壤均为黄土。黄土溶于水，于是高地会不断地被黄河侵蚀，导致两岸有的地方甚至会形成百米垂直的断崖绝壁。而且谷间的水流湍急，人们根本无法渡河。

只有在黄河中游前后200—300公里的区间（洛阳盆地）才有办法渡黄河。这里是河南省低地与山西省高地的交接处。从洛阳至郑州、开封之间的区域，两岸低且稳定，南北向容易渡河。

洛阳盆地北接山西省高地，原本是森林地带，是过去东北亚狩猎民族居住的地方。从洛阳盆地开始向东扩展的三角洲地带可以种植稻米。以船为交通工具，航行河上，是过去东南亚型农耕与渔捞民族居住的地方。另外，洛阳盆地西边的陕西省和甘肃省的草原地带，过去是北亚游牧民族居住的地方。而洛阳盆地西南方山地是火耕农业民族的住处。

围绕着洛阳盆地的四种不同生活形态的种族，在古时候被称作"蛮、夷、戎、狄"。东方低地的农耕及渔捞民是"东夷"，西方草原的游牧民是"西戎"，北方高原的狩猎民是"北狄"，而南方山地的火耕农业民是"南蛮"。这些具有不同生活形态的人们在黄河中游沿岸的洛阳盆地相遇，而且只有这里能横渡黄河。

正因为如此，黄河中游沿岸是众多种族接触与交易的场所，并逐渐发展成为城市，开创了被称作黄河文明的城市文明。

∞ 向东北亚扩展

如此产生的城市文明需要防御外侧的蓄地，于是统治者在城市的周围兴建了城墙。

城市在太阳升起的时候打开城门进行交易，日落后再关闭城门。城市的住民主要是商人和手工业者，且所有人都是民兵，紧急时需要拿起武器作战。

城市里的市场，也会与城市外的人们进行交易。从已经形成的城市开始，人们利用舟船航行于内陆的河川与湖沼，发现适合进行买卖的地方，便不断地兴建新的城市。城市文明得以不断扩展。

在古代，中国的城市文明是向东方和南方延伸的。所谓"南船北马"，黄河以北靠的是陆上交通，而黄河以南靠的是水上交通。在黄河以南，经由淮河和汉江可以与长江连接，从长江开始又经过洞庭湖、湘江、桂江、西江，在珠江与南海连接。这些水运条件都可以加以利用。与此相对，黄河以北是拥有不同生活形态的狩猎与游牧民的居住地，这对于习惯农耕地带环境的城市住民而言非常不利。

就这样，产生于黄河中游的城市文明一直扩展到了东北亚。其路径是，沿山西高地东缘的太行山脉脚下向北前进，抵达北京（北京有古代城市的遗迹）。从北京开始向东前进，沿大凌河抵达辽河三角洲，从这里向北迂回，在沈阳渡辽河，南下抵达辽阳。到这里为止有一部分可以利用水路前进。从辽阳开始走陆路南下，渡鸭绿江和清川江，可以抵达大同江边的平壤。

从平壤向南又可以利用内陆的水路。沿大同江支流的载宁江往上，越过慈悲岭再沿礼成江往下，就可以抵达高丽王朝的首都开城。在江华岛进入汉江，就可以抵达首尔。汉江有北汉江和南汉江两条支流，南汉江从南向北流，从南汉江向南可以抵达忠州，从这里再越过鸟岭，就是洛东江，从洛东江向南就可以从釜山出海。

可以看到，平壤以南的韩半岛，其内陆的河川也非常发达，适合城市文明的人所擅长的舟船航运。沿着内陆水路，发现了许多的遗迹和遗物。

这条纵贯韩半岛的内陆水路，当然也与日本列岛连接。从洛东江的河口经由对马、壱岐前往北九州。从北九州经过濑户内海可以抵达大阪湾。从大阪湾沿淀川向上到琵琶湖的水路，除了部分海峡之外，从北九州开始都是内海和河川，是一条非常安全的交通路径。因此，起源自黄河中游的城市文明，很容易就可以从韩半岛北部的平壤开始延伸到日本列岛的中心部。

根据司马迁《史记》的记载，在公元前 4 世纪时，燕国人民曾经前往韩半岛。城市文明不是农耕文明，而是在农耕地带扩展的商业文明。经营城市国家的基础是商业，具有为了追求利润而不断向新物资集散地推进的特征。《史记》中记载燕国统治"真番"和"朝鲜"，"真番"是洛东江流域的住民，"朝鲜"是大同江和汉江流域的住民，可见燕国的势力纵贯韩半岛，一直延伸到日本列岛的对岸。

日本列岛拥有世界古老的陶器文化，从石器时代开始就人口众多。人口众多则意味着对商品的潜在需求量大。再加上日本列岛的矿产丰富，其中，砂金是日本建国初期的特产品，银和铜的产量也很丰富，在古代贸易中，这些物品都是属于体积小却价值高的商品，这一点也让日本列岛成为充满魅力的市场。

对于亚洲大陆的城市国家而言，控制韩半岛水路，等于控制了日本列岛的市场。为此，燕国也才会挺进韩半岛。秦始皇统一中国，情况也相同。西汉武帝于公元前108年合并位于平壤的朝鲜王国，把韩半岛全部纳入直辖领地，并在洛东江的溪谷设置真番郡，汉朝的势力延伸到了日本列岛近前。

日本列岛的城市化

∽ 日本列岛上城市的形成

根据《汉书·地理志》的记载，到了公元前1世纪末，日本列岛有上百个被称作"国"的地方，从这时候开始，每年在固定的时间，倭人就会前往中国对中国皇帝表达敬意。

之所以会如此，在于中国商船的定期来航。参考后世东南亚的例子，整个过程如下。

最初的阶段，来到日本列岛的中国商人不上岸，而是将船拴在岸边，由当地的人划着小船靠近，在船上看商品，再进行交易。交易属于以物易物。由于经济观念尚未发达，在这个契约和商品价值不明确的阶段，很多人想要商品，却不想付出代价，因此经常会爆发冲突。为了预防这些冲突，于是开始有当地人被选为总代表，当然这个人必须要会说中国话。这个代表就成为当地的酋长，由酋长管理的市场便逐渐成形了。

当地的人凭信用向中国商人借出商品，再带回等值的东西进行结算，但完成交易往往需要花上数月的时间。中国商人在等待的期间，需要居住的地方，同时，由于商船不载女人，生活上的不便导致商人们开始在当地娶妻生子。于是，在中国商船停靠的港口附近，出现了"华侨"人口。

就这样，港口随之逐渐形成，市场也逐渐形成，且出现了华侨居民，周围人们逐渐聚集，形成城镇。商业活动越发达，则酋长越富裕。虽然没有像中国城市那样的城墙，但已逐渐具备了城市的形态。这就是《汉书》中所谓的倭人的"国"。只不过在这一个阶段，尚未出现"王"。

从上述可以看出，中国人前往韩半岛与倭人诸国的形成有直接的关系。显示了随着中国城市文明商业网的延伸，日本列岛被纳入中国经济圈的过程。

这个过程的副产品是在海岸形成聚落。古时候，聚落不在海岸的低地，而是在高地。这是因为海岸的低湿地会导致许多疾病，不适合居住。自从中国商船定期来航之后，河口便出现了人类可以定居的场所，由于要为住民提供粮食，于是有了农园，农业也逐渐发达起来。

就像这样，随着商业经济渗透，粮食的生产力提高了，日本列岛的人口也就越来越集中。

所谓的"倭人百余国"就是这些在日本列岛海岸形成的聚落。

汉朝的动乱与周边的异族

⌘ 汉朝培养出的异族王权

受到汉朝政治力和经济力的影响，倭人形成了诸国，并在汉朝的保护下维持了稳定的贸易秩序。然而，汉朝的政治力和经济力却几度衰退。

公元前 108 年设置在韩半岛洛东江流域的真番郡，于 26 年后的公元前 82 年遭到废除，日本列岛的贸易由乐浪郡接管。这是在汉武帝无节制的经营之下，西汉的国力耗尽，人口减半所造成的结果。经过大约 90 年的时间，在历代皇帝的努力之下，西汉的国力和人口才终于恢复。但公元 1 世纪初王莽篡夺汉室，又使汉朝的统治陷入大混乱，到公元 37 年东汉武帝恢复统一的时候，汉代人口仅剩五分之一。

汉朝的政治力和经济力衰退到这个地步，无论是对于中央政府还是边境的地方机构而言，商人贸易活动的停滞是关乎生死的问题。作为解决的对策，汉朝开始从原住民当中选出酋长指定为王，这时出现的就是公元 57 年东汉光武帝将"汉委奴国王"金印授予博多的奴国倭王。这个金印于 18 世纪末的天明年间在志贺岛出土。

由此，"倭国"和"倭王"首次出现在历史当中。然而，虽然有名为"倭国"的国家，也有名为"倭人"的国民，但是倭王并非是由倭人推举产生，而是由中国的皇帝任命、培养。此后，若没有倭王的保证，倭人则无法与中国商人进行交易。其他诸国就算越过倭王直接造访乐浪郡，乐浪郡也不予受理，他们还是无法与中国皇帝有交集。

为了进行贸易，倭人必须向倭王上缴"手续费"。倭王本身虽然没有强大的实力，但由于有与中国皇帝的特约关系作为后盾，所以可以给其他倭人诸国下马威。被任命为王的异族酋长，其最重要的任务就是保护来访的中国商人和居民的安全，以避免发生冲突。

∞ "黄巾之乱" 造成汉朝衰退

东汉前半期的时代非常平稳，但到了公元 184 年，发生了大变动。2 世纪的东汉，人口集中在城市，呈现过热的状态。古代文明最大的弱点就是物资的运输手段。供给城市粮食和其他必需品，都必须通过内陆水路的船运，而需求就算膨胀两倍，供给也无法变成两倍。因此，人口集中在城市的结果，景气虽好，却不稳定。

人口集中在城市的另一个原因，是汉朝不断与蒙古高原游牧民族的北匈奴发生战争，军队因此过分膨胀。被征召入伍的人，就算退役也不回故乡的农村，因为回去了也没有自己可以耕种的土地。如果留在城市，总有办法生活下去，比起乡下地道的农民，城市贫民的生活水平还是相对较高的。就这样，过一日算一日的贫民全都集中到了城市。

麻烦的是这些人都受过军事训练，习惯团体生活，又都会武术。他们意识到这个社会的不公平，革命思想便开始普及。原本是退役军人的互助组织，逐渐转变成为革命组织，在公元 184 年，全国同时爆发起义，他们提出的口号是："苍天已死，黄天当立，岁在甲子，天下大吉。" 意思是新的世界从此开始，永远的和平到来了，为此必须扫除所有过去的旧秩序。起义军头扎黄巾作为标记，史称 "黄巾之乱"。然而，这场起义在数年后就被完全镇压了。毕竟政府军装备更优良，训练更有素。

被镇压的起义军士兵被编入政府军。结果造成政府军兵力过分膨胀，导致有野心的将军们之间发生内战。

这个内战状态一直持续了 50 年，最终，东汉的中央政府被消灭。在混乱中，曹操、刘备、孙权等《三国志》中的英雄陆续登场，"三国时代"正式开启。

"黄巾之乱"带给东汉最大的变化就是人口锐减。中国现存最早的人口统计数字是公元 2 年的 59594978 人。王莽政权末期，人口一度减少，到了 2 世纪又恢复到 5000 多万人，"黄巾之乱"前夕的公元 157 年，人口上升至 56486856 人。

然而，公元 184 年"黄巾之乱"后的人口锐减的现象非常异常。根据半个世纪后（公元 230 年）魏朝高官的报告，当时总人口不到 500 万人，分属魏、吴、蜀三国。从当时的许多记录中也可以感受到当时的人口真的非常稀少。

从"黄巾之乱"算起，除了从公元 280 年起有过短暂 20 年统一之外，一直到公元 589 年隋文帝再度统一为止，分裂的状态竟然持续了 400 年之久。期间，总人口数一直呈现低迷状态。

没有了中央政府，地方政权割据，商业网也中断。少数存活下来的人们便分散各地，形成了小的聚落。由于人手不足，粮食的生产量也一直无法恢复。粮食生产量无法恢复，那么人口也就无法恢复，于是陷入了这样的恶性循环当中。

换句话说，魏晋南北朝时期的政治力和经济力比较薄弱，以前以中国皇帝的权威作为后盾而得以维持的东亚秩序也荡然无存。

∞ 倭国王权的变迁

在汉朝的统治出现危机时，倭人诸国也发生了动乱。这就是《三国志·魏书·倭人传》所说的"其国本亦以男子为王，住七八十年，倭国乱，相攻伐历年，乃共立一女子为王，名曰卑弥呼"。

可以看出，在公元184年发生"黄巾之乱"的同时，日本列岛的倭人之间也发生了大动乱。奴国的倭王倒台，失去了政治中心，为了收拾这一局面，邪马台国的女王卑弥呼于是被选为倭人诸国联盟名义上的领袖。

至于韩半岛，"黄巾之乱"的影响也造成变化，半岛一度被辽东军阀公孙氏统治。公孙氏分割乐浪郡南部，新设置了带方郡。到了公元238年，魏朝的掌权者司马懿灭了公孙氏，将乐浪郡和带方郡收入其下，从此之后，由带方郡负责与倭人交涉。在司马懿的斡旋之下，邪马台国女王卑弥呼被授予"亲魏倭王"的称号，被公认为倭人诸国的总代表。这就是倭国王权的更替。

由司马懿的子孙所创建的晋朝于公元280年再度实现统一。然而，这次统一仅仅维持了20年便遭到了破坏。公元304年，以匈奴的刘渊为首，游牧民族与狩猎民族发生大叛乱，即所谓的"五胡十六国之乱"。结果，驻扎于乐浪郡和带方郡的晋朝军队于公元313年退出韩半岛，之后，在这一块空白地带，北方的高句丽王国南下，占据了大同江流域的乐浪郡故地。为了与之抗衡，在汉江流域带方郡的故地，兴起了百济王国。

在至今为止的东北亚，王权都是由中国皇帝授予，以中国的政治力和经济力作为后盾，但在中国朝代更替之际发展出了新的规则，各民族都是由实力服人者当王。然而，王是民族对外的代表，因此想要成为王，必须得到外国的认可，仅有实力是不够的。

在动荡不安的 4 世纪至 6 世纪末，东北亚诸国为了得到王位的承认而煞费苦心。高句丽和百济同时遣使南朝和北朝。在韩半岛东南方建国的新罗由于距离中国较远，因此较晚才获得承认。于汉江溪谷建国的百济，在位置上占有优势，支配这个地方上带方郡遗民的华侨社会，继续开展各种贸易。

๑ 与百济结盟的倭国王权

受到公元 2 世纪"黄巾之乱"的影响，取代奴国出现的邪马台女王，其王权也因受到 4 世纪中国朝代更替的影响而从历史上消失，现在甚至连邪马台国的正确位置都无从得知。

倭王于 4 世纪后期，第三度出现在历史舞台，主要是与百济王国的关系。

原本以鸭绿江上游为根据地的高句丽王国开始南下韩半岛，与百济王国之间的战争也就此展开。高句丽是辽河以东的大国，人口多，武力强，相比之下百济则人口少。韩半岛的人口原本就不多，一直以来都是日本列岛的三分之一左右。为此，百济如果想要与高句丽抗衡，那么就必须确保日本列岛的背后支持。于是，被百济王选为同盟的是邻近大阪湾的贸易港口难波的酋长。

回顾在此之前日本列岛贸易的历史，最大宗的贸易路线就是从博多至难波间的濑户内海航路。在濑户内海沿岸港口，拥有有利市场的城市逐渐发展，成了华侨的留居地。当中，在战略上最重要的地方就是位于航路终点、内陆入口的难波。这里的酋长于公元369年被百济王正式承认为倭王。这就是《日本书纪》中被称为仁德天皇的倭王。

根据《日本书纪》的记载,仁德天皇的王位相继由三个儿子——履中天皇、反正天皇、允恭天皇——继承。允恭天皇的王位之后也是由他的两个儿子安康天皇和雄略天皇继承。这与南朝梁沈约撰写的《宋书》中记载的倭五王赞、珍、济、兴、武,在继承顺序和年代上都是一致的,因此可以知道,这个"倭五王"就是难波的倭王。

另外,根据高句丽《广开土王碑》上的记载,公元391年"倭以辛卯年来渡海,破百残(百济)、新罗,以为臣民",描述了倭军第一次大规模介入韩半岛的情形。正好相当于仁德天皇的在位时期。"倭军破百济"是高句丽站在百济原本是自国属民的立场上所写,从百济的角度看来则是从日本列岛上来了倭王援军。派遣援军的人是难波的倭王,这应该是最自然的解释。

๛《新撰姓氏录》的华侨分布

公元815年(平安朝初期),《新撰姓氏录》三十卷完成了。这本书现在以摘录的形式,留在了江户时代的学者塙保己一编纂的《群书类从》中。

这本书记述了过去住在倭国领地畿内诸国的氏族起源,将1182个氏族分成皇别、神别、诸蕃三类。皇别是从神武天皇至应神天皇,也就是以所谓大和朝廷的历代天皇为祖先的氏族,但由于这个朝代的历代倭王都是虚构的,因此皇别可以说是令人质疑的氏族。

神别是以国津神为祖先的氏族，是日本列岛各地土著倭人的贵族。

至于诸蕃则是以从中国或韩半岛移住日本列岛者为祖先的氏族，也就是所谓的归化人、渡来人。从中国来的移民当然是华侨，但实际上，从韩半岛来的移民也可说是华侨。由于中国人在当地与土著女子结婚生子，由他们的孩子创造华侨社会，因此那里的华侨基本上都是混血。高句丽、百济、新罗也是一样，虽然名义上是高句丽人、百济人、新罗人，但本质上还是华侨。

看到《新撰姓氏录》中诸蕃的分布扩展至摄津、河内、和泉、大和、山城和近江诸国，几乎找不到没有诸蕃的聚落。就在 9 世纪，围绕日本列岛政治和经济中心难波的地域，人口的大部分都是外国来的移居者。这代表了开拓畿内的其实是华侨。畿内由于交通方便、适合农耕，因此自古以来就开通了经由韩半岛直接通往中国的交通路径。因此，从《魏书·倭人传》记述的年代开始，华侨的移居者就不断地如潮水般涌入，在畿内一带形成聚落也是顺理成章的。另外，虽然都是华侨，但其中包含了许多不同系统的华侨。"秦人是秦始皇的子孙，汉人是汉高祖刘邦的子孙"，这种说法其实并不正确，这应该是因为这些人说的方言不同而造成的误解。

古时候移住日本列岛的华侨，彼此之间方言的差异大，文化也不相同。各自守在各自的村落中，与和自己说着不同方言、隶属于其他的中国移民体系的村落，几乎没有交流。在这些华侨村落之间，有一些土著倭人的村落，当时的状况应该就是这样。

而倭人这边，政治上也没有统一。就连畿内的倭王，也并非拥有完整的领土，而且没有统治当中的所有住民。除了倭王之外，也有其他的倭人酋长，各自带着各自的氏族在日本列岛各地进行开拓。皇室祖先的倭国王家也是其中一个氏族，经营的方式也是相同的，拥有的土地分散各地。日本列岛诸氏族的领地呈现镶嵌状态，其中拥有最多土地、实力最强的应该就是倭国王家。自公元 391 年开始的倭军介入韩半岛，想必就是由具有这种特质的倭王担任总代表，集合许多氏族的士兵，派遣至韩半岛。然而，这种做法已不再适用于即将来临的时代了。

锁国是日本国的本质

∽ 唐朝对东北亚的影响

公元 589 年，隋文帝灭掉了南朝的陈，时隔 300 年再度实现统一。隋朝的统治仅维持了几十年，之后由唐朝取代。唐朝声誉远扬海外，其影响力很快就传到了东北亚。这个时代东北亚最大的强国是高句丽。隋炀帝三度征伐高句丽皆羽铩而归。到了唐代，唐太宗亲自出征，指挥征伐高句丽。唐军先是从陆路进行攻击，但怎么都突破不了辽河。唐太宗于是改变作战方式，于公元 660 年派舰队横跨黄海，登陆韩半岛，灭掉了百济。这时，唐与百济背后的新罗结盟，共同作战。

对于倭人而言，百济是通往世界的窗口，百济的存亡对倭人来说也是生死攸关的。当时的倭王是女王，也就是《日本书纪》中称作皇极天皇（即齐明天皇）的人。公元 661 年，倭国将宫廷搬到了博多，准备在这里指挥复兴百济之战，然而，齐明天皇于当年死去了。皇太子天智天皇继续作战，但到了公元 663 年，倭舰队在白村江（锦江）海战中被唐舰队击败，全军覆没。就这样，复兴百济的大业失败，韩半岛南部被唐占领。唐朝继而在 668 年灭了高句丽，但不久后就退出了韩半岛，以辽河西岸为国境。公元 670 年代，韩半岛南半部由新罗统一。

ᔥ 倭人的孤立与日本建国

对于日本列岛的住民而言，这种事态是前所未有的重大危机。至今为止，他们所知的全世界，都被唐朝及其同盟的新罗王国所征服。

面对这样的非常事态，他们采取的对策与明治时的"版籍奉还"和"废藩置县"的精神相同，也就是团结日本列岛各地的诸氏族，以倭国王家为中心团结起来，组成统一的国家。就这样，继承倭国王家的天智天皇于公元 668 年在近江即位，成了日本第一位天皇。这个"日本"的国号与"天皇"的王号就是在此时颁布的日本列岛最初的成文法典《近江律令》中制定的。

日本正式建国后，派往中国的遣唐使并没有带正式的国书，也就是日本天皇写给中国皇帝的书简。这也就是所谓的政经分离，采取尽量避免政治关系，仅进行贸易的态度。一直到 14 世纪，足利义满自称日本国王，派遣使者至明朝，明朝永乐帝封足利义满为日本国王，以及 17 世纪德川幕府与朝鲜国王议和的时候才采取了建交的形式，但当事人都是征夷大将军，而并非日本国的元首——天皇。

因此，日本这个国家从建国之初开始一直到后世为止，一贯表现出的都是自卫与封闭的性格。

❀ 日语起源较早

　　比较日本列岛和韩半岛的历史，另一个显著的不同，是日本于 7 世纪建国后国语就非常发达，而韩半岛的语言在 7 世纪新罗统一之后仍然相当滞后，一直到 15 世纪，韩语（朝鲜语）作为国语的地位才被正式确立。

　　在此之前的新罗和高丽朝时代，官方语言不是原住民的语言，而是汉语。不像日本是将汉语标上符号训读，韩半岛是直接从上往下，以韩式汉字音来音读。到了 15 世纪，朝鲜王朝的世宗才创造了表音文字的韩字，韩语（朝鲜语）才真正开始发展，比日本晚了约八百年。

　　在日本，从天智天皇、天武天皇的时候就开始尝试用唯一的文字汉字来书写倭语（日语）。《万叶集》卷七中引用了许多取自《柿本朝臣人麿歌集》的和歌。这在《万叶集》中属于最古老的和歌。其最大的特征是，仅将意译汉字按照日语的语顺排列，助词和语尾词并没有用音译汉字写出来。例如，"天海丹、云之波立、月船、星之林丹、榜隐所见"的和歌读作"あめのうみに、くものなみたち、つきのふね、ほしのはやしに、こぎかくるみゆ"（"amenoumini-kumononamitachi-tsukinohune-hoshinohayashini-kogikakurumiyu"）。

　　到了《万叶集》中比较新的和歌之后，变成了意译汉字和音译汉字混合使用。

　　最后到了《万叶集》中最新的卷十四的《东歌》，所有的音节都是音译，完成了表记法。而《日本书纪》的和歌也都是用这种方式书写。

　　这个现象表明日本曾积极地将日语变成可用文字书写的语言。那么，为什么日本会从这么早就开始进行国语开发呢？

　　日语是非常不可思议的语言，除了属于同语系的冲绳语之外找不到第二个。最近最有力的学说是，日本语的语汇属于南岛语系。南岛语系是遍布在西起马达加斯加岛，一直到东南亚、南太平洋诸岛的语言。相对于此，日语的语法属于阿尔泰语系，也就是与土耳其语、蒙古语具有共通的要素。日语是非常奇妙的混合语言。

　　日本建国之时，日本列岛是说着各种不同语言的人种杂居的地带。倭人与华侨之间没有共通的语言，且华侨之间如果方言不同，也无法互相理解。用汉字写成的汉文是唯一的沟通手段，但由于汉字不是表音文字，音读汉文也不知道是什么意思。为此，第一要务就是要创造共同的语言。如果没有共通的语言，好不容易整合倭人和华侨，创造出所谓"日本人"的自我认同观念就无以维系。而且，由于韩半岛新罗的官方用语是中文，因此必须与其不同。于是，建国之初的日本人采取的方式是以汉文为基础，从原住倭人的语言中逐字地找出相对应意思的单字，依序排列，人为地创造出了实用的新国语。

　　第二次世界大战后独立的旧殖民地诸国，也以同样的方式创造了属于自己的国语。以旧宗主国的语言为基础，替换成原住民语言的单字。这是非常耗时且困难的一条路，来不及开发国语的国家，只好一直到现在都并行使用旧宗主国的英语、法语等。建国之初的日本在开发国语的路上也吃尽了苦头。为了表达情绪，《万叶集》中就已经出现了纯倭语的和歌，但韵文不适合用在政治等实用方面。为此，必须开发散文体，这又是一大工程，伴随巨大的困难。

　　最初尝试用倭语书写散文的是《古今和歌集·假名序》。《古今和歌集》有汉文的《真名序》和日文的《假名序》两篇序，内容基本上相互对应。然而，《假名序》的内容有些模糊难解，必须配合《真名序》才能了解真正的含义。由于当时日语的散文文体尚未确立，因此无法顺利表达。从这个时代开始，一直到江户时代末期为止，真正的语言不是日语，因为汉文的意识还是根深蒂固。

《土佐日记》也是如此。日记原本应该是男子用中文书写的东西，但此日记是以女子的角度书写，因为是女子，所以尝试用日语书写完成。可见当时用日语写散文是多么困难的事。

换句话说，当时的日语还不是共用语，尚在发展中。井上久所写的电视剧《国语元年》中描述了明治初期也遭遇了同样的问题，在江户时代，社会、文化普及的事物可以用当时的日语充分表现出来，但到了文明开化的时代，对于新出现的事物，仅用江户时代的日语已经无法充分表现出来了。为此，明治时期的人们首先以英语和其他欧洲语言为基础，将欧洲语言的文章一个字一个字地换成日语，人为地创造了文章体裁和语汇。开发新日本语的先锋是明治时期的文学家。无论是森鸥外、尾崎红叶，还是夏目漱石，他们的作品曾风靡一时，无论是谁都有读过，主要的原因就是他们的作品教导了日本人新日本语的使用方式。读者吸收这种表述方式，终于可以面对新的时代，表达出想说的话。即便如此，欧洲语言是日语原型的意识，一直到第二次世界大战之后，依旧表现在"原语""原书"这些词汇上。日语是建立在英语基础上的这种意识，也许现在还变得更为强烈。

∽"日本人"的自我认同与国际化

"日本"这个观念是 7 世纪后期建国运动下的产物。《日本书纪》在编纂时，将日本建国的年代写作是公元前 7 世纪，即东北亚受到中国影响之前，这个主张本身就是排外运动的一环。

我个人认为，日本现在之所以辛苦背负国际化的课题，是因为日本原本就是非国际化的国家。

因此，日本列岛和亚洲大陆在公元前 2 世纪末开始的中国化时代中是一体的世界，但自从 7 世纪日本建国之后就分离了。

第十二章

日语是人造语

7 世纪的通用语言是中国语百济方言

∽ 倭国的语言

作为日本列岛的原住民，倭人于公元前 1 世纪第一次出现在中国的记录当中。这是因为公元前 108 年汉朝征服韩半岛，掌握了前往日本列岛的贸易路线，中国商人进出日本列岛，促使沿岸港口城市逐渐发达起来。

此后，从公元 184 年开始的半个世纪，许多华侨为了躲避战乱而流入韩半岛，在辰韩、弁辰建设了 24 个城市。华侨握有日本列岛的商权，倭人诸国各自的市场也都在他们的掌握之下。邪马台国便是其中之一。

公元 304 年起的"五胡十六国之乱"，让中国再度沦为战场，韩半岛北部地区落入了高句丽的手里。公元 340 年，以汉江溪谷的中国住民为基础，百济从高句丽独立。之后从百济独立的则是新罗。这三国的文化都是以华侨的城市文化为核心，其中，百济由于负责中国与日本列岛之间的中继贸易，而得以繁荣。

到了公元 600 年前后，无论是韩半岛的高句丽、百济还是新罗，都有许多中国人居住在这里。《隋书》中也记载，日本列岛西部有一个名为秦王国的地方，是中国人的一大移住地。

在其后的《日本书纪》和《新撰姓氏录》的记载中也会发现，过去倭国中心部的摄津、河内、和泉、大和、山城等平原地区的主要聚落，几乎都是秦人、汉人、高句丽人、百济人、新罗人等，也就是所谓的归化人。而倭人大多生活在边缘地带。

到公元 7 世纪为止，从韩半岛流入日本列岛的人们，各个不同的集团说着不同的中国方言。而方言在语汇和文法上也大不相同。就像现代的福建人、潮州人、客家人、广东人、海南人无法用方言沟通一样，秦人、汉人、高句丽人、百济人、新罗人之间也无法沟通。

为了最起码的沟通交流，必须要有某一种共同的语言。在现代的东南亚，简单的广东话广泛通用，华侨之间生意上的往来与争执都是使用这个被称为"基础广东话"的语言。不仅限于广东人之间，潮州人之间也是一样。这是因为广东话比起其他的方言更接近书写语言，因此可以用汉字书写。广东话之外的福建话等方言，无法用汉字书写。生意上为了契约或记账，显然是需要文字的。

在公元 7 世纪之前的日本列岛，发挥通用语功能的语言应该是受中国文化影响最深的百济方言。这是因为百济语和其他华侨说的口语相比，是更接近汉字的书写语言。

∞ 日语的诞生

公元 660 年，唐灭百济，倭国的百济援军于公元 663 年在白村江口全军覆没。公元 668 年，唐又灭了高句丽。不久之后，唐从韩半岛撤退，北纬 38°线以南由新罗统一。这个新王国的人口是高句丽人、百济人、新罗人、倭人、中国人的统一体。

日本列岛上的众多种族为了不被新罗并吞而丧失独立与自由，于是集结在倭国王家天智天皇之下，创立了日本国。这与马来西亚联邦为了对抗日本军占领以及由苏卡诺发起的游击战等一连串的危机，而逐渐发展成一个国家非常相似。

另外，也与现代的马来西亚一样，公元 7 世纪，日本为了维持政治上的团结，必须开发新的国语。在此之前，日本列岛众多种族间通用的语言并不是倭人的土语，倭人尚未拥有文字，也没有政治和经济相关的语汇，想必也没有可以让全日本列岛都理解的倭语方言。因为这些方言基本上是伴随商业活动而普及，但倭人绝对不是大商业种族。

由于新罗的官方语言是中文，为了与新罗对抗维持独立，必须另做选择。于是便以汉字书写的中文为基础，一个字一个字地找出相对应的倭语替换。如果没有相对应的倭语，则创造听起来像倭语的词汇，用来代替与汉语相同意思的字。这就是日语的诞生。

从《万叶集》所见的日语开发

ဢ 刚诞生时的日语

从《万叶集》中可以看到日语刚诞生时的样子。《万叶集》20 卷的大部分都是由 8 世纪奈良时代的歌人大伴家持编纂。《万叶集》卷七当中，有许多出自《柿本朝臣人麿歌集》的和歌，从倭语的写法看来，应该是年代最久远的和歌。

例如"天海丹，云之波立。月船，星之林丹，榜隐所见"这一首歌。

这些汉字的日语读法是"あめのうみに、くものなみたち、つきのふね、ほしのはやしに、こぎかくるみゆ"（amenoumini-kumononamitachi-tsukinohune-hoshino-hayashini-kogikakurumiyu）。这首歌最初的"あめ・の（ame・no）"只用了一个"天"字来意译，包含了助词"の（no）"。接下来的"うみ（umi）"是直接意译为"海"，助词"に（ni）"则用"丹"字表示。这个"丹"是假借字，是利用倭语称"红土"为"に（ni）"的写法。接下来的"くも・の（kumo・no）"是"云之"，倭语助词的"の（no）"是用汉字助词的"之"来表示的。

倭语的动词是有词尾变化的，而汉字的词尾则没有变化。因此，"なみ・たち（nami・tachi）"的"たち（tachi）"仅用汉字写作"立"，没有特别写出语尾的"ち（chi）"。"こぎ（kogi）"的"榜""かくる（kakuru）"的"隐"，也仅用意译汉字书写，没有特别写出词尾。

最后的"みゆ（miyu）"也是倭语的动词，但若仅用"见"一字书写，则无法区分到底是能动态的"む（mu）"（见る〔miru〕看），还是被动态的"みゆ"（见える〔mieru〕看见）。为了表达这是被动式，于是找出汉字助词的"所"，写作"所见"，读作"みゆ（miyu）"。

柿本人麿是日本建国之初，在天武天皇、持统天皇、文武天皇之下为官之人，也是《万叶集》中最早期的歌人。这种以柿本人麿书写的《歌集》表示法，就是将倭语单字意译之后的汉字，依照倭语的语顺排列。虽然是意译，但也会使用假借字。其最大的特征，是关于动词变化的词尾，并不将音译汉字书写出来。另外，关于助词，有时候会用汉字助词来意译，有时候则不会。这个阶段的文体，完全可以称这种写法是中文的一种。

这是源自中文、进入发展第一阶段的日语。

日语的发展

　　日语发展的第二阶段，可以从收录在《万叶集》卷一中，天武天皇的这一首歌中看出。

　　"紫草能、尔保敝类妹乎、尔苦久有者、人嬬故尔、吾恋目八方"的日语读作"むらさきの、にほへるいもを、にくくあらば、ひとづまゆゑに、われこひめやも（murasakino-nihoheruimowo-nikukuaraba-hitodumayueni-warekohimeyamo）"。这种写法无论哪一句，都一定包含了代表意思的汉字。例如，"紫草（むらさき〔murasaki〕）""妹（いも〔imo〕）""人嬬（ひとづま〔hitoduma〕）""故（ゆゑ〔yue〕）""吾（われ〔ware〕）""恋〔こひ〔kohi〕）"等。各自再加上倭语的音译汉字。如果将音译汉字写成平假名，则会是这个样子：紫草の にほへる妹を にくく有者 人嬬故に 吾恋めやも。

　　其中最后一句的"め（me）"写作"目"，"やも（yamo）"写作"八方"，用发音相同但意义不相同的汉字来代表倭语，也就是使用假借字。原本应该是和《柿本人麿歌集》一样用意译汉字书写，但想必是《万叶集》的编者为了容易读，因此改了书写法。

　　第三阶段可以从晚于柿本人麿、活跃于 8 世纪初的山上忆良所写的和歌中看出。收录在《万叶集》卷五的、山上忆良的知名长歌《贫穷问答歌》的反歌内容是"世间乎、宇之等夜佐之等、于母倍杼母、飞立可祢都、鸟尔之安良祢婆"。

　　其日语读作"よのなかを、うしとやさしと、おもへども、とびたちかねつ、とりにしあらねば（yononakawo-ushitoyasashito-omohedomotobitachikanetsu–torinishiaraneba ）"。这种写法只有名词"よのなか（yononaka）"写作"世间"，"とり（tori）"写作"鸟"，以及动词"とびたち（tobitachi）"写作"飞立"是意译汉字，其他之外的倭语无论是动词、形容词或是助词都是每一个音节借用一个汉字音译的。

从柿本人麿到山上忆良，半个世纪的时间，日语已经发展到这一阶段。就差一步，日语就可以从意译汉字毕业，成为完全独立于中文的日本国语。跨出这最后一步的是山上忆良的晚辈——大伴家持所收录的歌，也就是《万叶集》卷十四的《东歌》。

例如，"可豆思加乃、麻万能宇良未乎、许具布祢能、布奈姙等佐和久、奈美多都良思母"，读作"かづしかの、ままのうらみを、こぐふねの、ふなびとさわく、なみたつらしも（kadushikano–mamanouramiwo–koguhuneno–hunabitosawaku–namitaturashimo）"。

名词和其他词类在这种写法当中已经没有区别，倭语的每一个音节都是借用汉字音译，由于完成了这种完全音译的方式，日语就算使用汉字，但也成了独立的语言。

《日本书纪》的歌谣表记

ᔄ 汉文意译与倭语音译

与大伴家持同时代完成的《日本书纪》，其现行本当中倭语的歌谣也几乎都采用每一个音节都用一个汉字音译的方式。例如《仁德天皇纪》的故事当中，仁德天皇的情敌隼别皇子的舍人们教唆

主人，企图杀了仁德天皇，这时舍人们开始歌咏"はやぶさは、あめにのぼり、とびかけり、いつきがうへの、さざきとらさね（hayabusaha-ameninobori-tobikakeri-itsukigauheno-sazakitorasane）"。"さざき（sazaki）"是鹪鹩，指的是仁德天皇的本名"あほさざき（ahosazaki）"。在《日本书纪》现行本中，这首歌写作"破夜步佐波、阿梅珥能朋利、等弭箇慨梨、伊菟岐饿宇倍能、娑弉岐等罗佐泥"，完全采取的是一个音节一个汉字的音译形式。

然而，实际上，《日本书纪》最初的原稿似乎并非现在所见的倭语音译，而是用汉文的意译。9世纪初平安朝的学者多朝臣人长于公元813年，面向六位下级官吏讲授《日本书纪》。当时的授课记录留存于《弘仁私记》之中。根据《弘仁私记》的引用，这首隼别皇子舍人们的歌谣写作"隼鸟升天兮，飞翔冲搏兮，鹪鹩所挚焉"。完全就是一首汉诗。意思是"隼鸟啊，升天吧。飞翔袭击吧。直到抓到鹪鹩为止"。这个意译的版本比现行本《日本书纪》中收录的版本属于更古老的形式。

天武天皇是于公元681年下令编纂《日本书纪》的。整个编纂工作费时39年，终于在公元720年元正天皇时期完成。其间，关于倭语歌谣的表记方式，似乎编纂方针在中途有所改变。最初由于倭语的表记法开发迟缓，歌谣只能用汉字意译的方式来书写。而在编纂过程当中，表记法逐渐得以进步，倭语已经可以完全用音译的形式表现，因此在编纂的最后阶段，才会采用如现行本所见的一音节一汉字的音译表示法。

现行本《显宗天皇纪》中有一段故事：隐藏在民间的显宗天皇从天而降，边舞边唱表明自己的真实身份。歌谣中包括假借字在内，全部文字都是意译。这显示了《万叶集》中与柿本人麿创作和歌的同时期，属于日语发展的阶段。

ᔕ 平假名和片假名的出现

如上所述，新诞生的日语终于脱离了汉字，只凭用耳朵听，也有更多的人可以理解，具备成为国语的资格。到了这个阶段，下一个阶段只要思考出一音节一字的文字体系，音译中哪怕不使用汉字也可成立。如此一来，与表意文字的汉字最后的联系也可以切断，日语就能成为完全靠声音、从中文独立出来的语言了。

就这样，出现了从音译汉字草书体演化而来的平假名，以及仅取用笔划一部分的片假名。

韩文创造较晚的韩半岛

ᔕ 韩半岛使用的中国方言

假名在平安朝初期的9世纪初就已经开发完成，时间远远早于韩半岛。在韩半岛，当日本于7世纪建国时，新罗王国也完成统一。然而，与日本不同，新罗的公用语是汉文。本来的新罗语是现代韩语的原形，但终究没能获得国语的地位。

据说，7世纪末的新罗学者薛聪，曾经开发了名为"吏读"的口语表记法。这个吏读的语汇和语顺基本上都是汉文，只有将中间用来代表口语助词和词尾的汉字，用如同送假名的方式书写。因此，与其说是独立的国语，倒不如说是为了解读汉文而开发出的辅助手段，也可以说是中文的一种变形。这种状况与广东话类似。在现代的广东话中，也有许多无法用汉字书写的语汇，于是创造出一些奇妙的字，与汉字混合使用。如果广东话是中文的方言，那么韩半岛的吏读在某种程度上与广东话相同，属于中国的方言。

这个吏读似乎也详细表记了词尾和助词，尽量接近口语。利用这种方式写成的歌谣，有十四首名为《乡歌》，收录在《三国遗事》中，自新罗时代就开始流传至后世。然而，《三国遗事》是距离新罗时代相当遥远的后世——13世纪高丽时代的产物。因此，就算《乡歌》的确存在，也无法证明韩语在新罗时代就已经成为独立的国语。

᧒ 15 世纪创造韩文

韩语真正成为韩半岛的国语是在 15 世纪。朝鲜王朝的世宗以蒙古的八思巴文字为基础，创造出了表音韩文。公元 1446 年，朝鲜王朝公布自创的《训民正音》，并说明其使用方式。韩语在这里首度脱离了汉字，获得了独立国语的地位。与日语于 7 世纪建国后就进行开发相比，韩语则晚了约 800 年。

日本人急于开发国语的目的，是为了预防被纳入中国或韩半岛政治力量的支配之下。在这样的背景之下进行的国语开发，光就表现情绪的韵文诗歌来说，如同《万叶集》所见，可以说是非常成功的。然而，更加实用且更合乎逻辑的文体开发，就算经过了百年也没有成功。

纪贯之的日语散文实验

ᴈ《土佐日记》的日语

10 世纪初的平安朝歌人纪贯之对于日语散文的开发有三大贡献。第一是《竹取物语》，第二是《土佐日记》，第三则是编纂《古今和歌集》，并为之写下汉文的《真名序》和日文的《假名序》。

《源氏物语》的《绘合》一卷中，关于冷泉在帝前殿试中提出的《竹取物语》画卷一事如此描述："画卷是名画家巨势相览所绘，由名诗人纪贯之题字。"从这里看出有一本纪贯之亲笔所写的《竹取物语》。《源氏物语》写到"物语始自《竹取之翁》"，似乎最初写下日语物语（传说故事）文学作品《竹取之翁》散文的就是纪贯之。

《土佐日记》是公元 934 年纪贯之描述主人公从任地土佐回京的船旅经历，纪贯之以"男子书写的日记，身为女子的我也想试试"开卷。意思是"日记都是男子用汉字中文书写的，因为我是女子，所以用日文假名来写写看"。他的这种说法等于是宣告，要实验性地尝试，用至今为止只适用于书写女性化抒情韵文的日语来书写男性化叙事散文。《土佐日记》中将汉字称作"男文字"，相对于此，将日文假名称作"女文字"。从中可以看出，在 10 世纪平安朝大多数人的意识当中，都还是认为中文是外向的男性文化，而日文则是内向的女性文化。

从纪贯之为《古今和歌集》所写的《真名序》和《假名序》中可以看出，日语的散文是以中文为基础、人为创造出来的东西。

《假名序》是日语的散文。开头所写的"やまと歌は、人の心を種として、万の言の葉とぞ成れりける"是汉文《真名序》"夫和歌者，

托其根于心地，发其华于词林者也"的直译。虽然多少有点出入，但《假名序》基本上是《真名序》的直译。可以看出，纪贯之是首先用中文写下《真名序》，然后再翻译成日文，写成《假名序》的。

虽然纪贯之费尽苦心，但《假名序》日语散文的成效却不好。有不少地方如果没有《真名序》，根本无法明白是什么意思。例如"難波津の歌は、帝の御初め也"，如果参照《真名序》的"难波津之什，献天皇"，则可以知道这首歌是华侨王仁献给仁德天皇的忠告之歌："なにはづに、さくやこのはな、ふゆごもり、いまははるべと、さくやこのはな。"（梅开难津波，越冬越清新。欢喜迎春来，美哉一雪梅。）

然而，若仅看《假名序》中的"帝之御初也"（这是天皇最初的和歌），则有些不明不白，不知道想说什么。

《假名序》中有许多类似的缺点，显现出就算在《古今和歌集》完成的公元905年，日语的散文文体尚未确立，纪贯之也尚在实验当中。

❧ 散文长期处于不成熟状态

从纪贯之的时代经过百年，一直到11世纪初紫式部《源氏物语》出现，平安朝的物语文学达到了巅峰。即便如此，散文文体的开发还不能说已经完成。其证据就是，《源氏物语》的散文中，有许多只出现在《源氏物语》的特殊文法形式。就连紫式部也因为日语文体尚未开发完成而吃尽苦头，也在不断地尝试。

日语散文的开发之所以会如此缓慢，其根本的原因在于是以中文为基础来开发的。汉字的名词和动词没有区别，词尾也不会变化，因此没有办法用逻辑性的方式来显示字与字之间的关系。甚至没有一定的语顺，因此也没有文法。以如此特殊的语言为基础，用训读的方式开发日语的语汇和文体，所以日语才会一直不稳定，逻辑性的散文开发才会如此缓慢。

结果，到了19世纪，改以文法构造清晰的欧洲语，尤其是以英语为基础，才开发出了现代日语，并最终确定了散文的文体。

不仅是日语，任何新兴国家的国语都无法逃脱"人造语"的命运。

第十三章

关于历史的看法

历史是事物的认识体系

经常有人使用"历史的潮流"这种说法。听起来，历史仿佛是一条确实存在的河川，从过去世界朝向未来世界，沿着一定的河道不断地流动。然而，这其实是一种错觉。一般而言的历史既没有一定的方向，也没有确定的河道，更没有终点。换句话说，历史没有法则，也没有发展阶段，当然也就没有所谓的"历史的必然"。可以断言，历史并非任何人都能伸手可触的客观存在。严格来说，也不可能有所谓的"客观历史事实"。

历史仅存在于我们的意识当中，是看待世界、认识事物的体系。而且，从历史的角度看世界、看事物，并非是所有人类普遍的做法，仅仅只存在于某种文明中的特殊文化。

在这里试着定义历史。所谓的历史是"用语言来说明人类的生存世界，沿着时间轴和空间轴两个方向，而且超越一个人直接的、经验可及的范围"。

由于历史要用语言说明，因此只有日期、地名和人名是称不上历史的。年表也不是历史。叙述历史的一方赋予主观的意义，资料才能成为历史。

人类并不会将实际发生的所有事情都记录下来。如果特别地将某件事情记录下来，就一定有其动机。成为历史材料的记录，可能是记录者认定发生了某件事的主观记录，或者是记录者意志的表现，试图通过记录让读者知道发生了某件事。因此，留下记录的历史事实全部都是记录者的主观意识赋予的形式。

历史并非自然而然从最初就开始存在的东西，而是由历史学家书写创造出的东西。历史学家利用他人留下的记录书写历史。这时，如果仅仅因为记录上的内容就完全接受他人的主观意识，那么就写不出好的历史。

历史也有好坏之分。好的历史逻辑严密，叙述中没有任何的破绽或矛盾。为了写出好的历史，首先必须好好审视每一个史料都是在什么样的环境、立场和意图下写的，还必须理解记录者主观介入之前的信息原貌。综合所有的信息，历史学家再决定如果自己在当时会如何看待这些事物。

每一个史料的可信度都不相同。尤其是在古代，有许多留下来的史料都是虚构的内容。这时，只能遵循"只要是在人世间，现代不可能发生的事，古代也不可能发生"这一原则来进行判断。无论是多么久远的古代，只要不是神话中诸神的时代，就不可能有如同童话故事般的魔法世界。

能够从史料中获取的信息数量有限。不足的部分只能靠合理的判断来弥补。尤其是当时被认为是理所当然而没有特别记载的事，显然也就不会留下记录。比如古代史，往往因为哪里都没有书写，就只能捕捉记录的只字片语，任凭自己的想象力奔放驰骋。这种做法充满解放感和愉悦感，但这只能称得上是自由创作，而非合理的判断。

从各种角度来看史料，说明中没有任何理论上的矛盾，这种合理的说明就是俗称的"历史事实"。将这样的历史事实，沿着时间轴和空间轴排列，用因果关系加以连接、整理总结，再用言语呈现出世界全貌，这就是历史。

由于历史具有这样的性质，因此并非有人类以来就有历史。也不可能有"没有记录的时代的历史"。

自从有了文字的使用，历史才成了可能。为了能够使用文字，则必须有城市生活。但即便城市文明成立、有了文字的记录，历史也不会自动产生，为了能够集结记录、用统一的理论说明，进而叙述历史，则必须要有广大范围的集团自我认同。

地中海型与中国型的历史

历史是公元前 5 世纪的地中海文明与公元前 2 世纪末的中国文明各自独立产生的文化。地球上其他的文明都没有独立产生名为"历史"的文化，就算有，也是复制地中海或中国而来的。

地中海文明的"历史之父"是希罗多德。希腊人诸城市团结对抗席卷世界的波斯帝国的威胁，于公元前 480 年的萨拉米斯海战中获胜的事件是希罗多德编写 *Historiai*（《历史》）一书的契机。在希罗多德的构想当中，是把世界描绘成亚洲对欧洲、东对西的对立抗争之所。书名"historiai"是希腊语名词的复数形式，意思是"经过调查之后知道的事情"，并没有"历史"的意思。在此之前没有历史这个概念，因此没有这层含义也不奇怪，由于这是世界最早的历史书，因此之后"history"就成了"历史"的意思。

位于地中海文明分水岭的西欧人根深蒂固地认为，历史就是从对立走向统一的过程。好像有一个最后的终点，全世界都朝着这个终点前进。

西欧文明是有历史的文明。由于从地中海文明借来了历史文化，因此他们拥有"自己是罗马帝国后裔"这个共通的历史自我认同。相对于此，北美文明是没有历史的文明。因此，创造自我认同的不是历史，而是意识形态。

美利坚合众国在独立战争之前没有历史。创造"美国人"这个自我认同的不是历史，而是1788年《美利坚合众国宪法》中自由与民主主义的意识形态。第一代的美国人借由发誓效忠宪法，自发性地与过去绝缘，选择成为美国人。就算是自建国至今，200多年过去了，美利坚合众国大多数的国民都还是移民的二代或三代，因此几乎没有全体国民共有的历史。

"history"这个词在美国代表"都知道的事情"，人们使用这个词也很随意。这一现象反映出了特殊的内情。我曾经看过有位名人的夫人在讲到自己与丈夫的相遇时说道："剩下的就是历史了（the rest is history）。""历史"这个文化对于北美文明而言，不过还是从西欧文明借来的东西，并没有什么特殊的意义。

日本文明是有历史的文明。日本这个国家不是由宪法创建的国家，也不是移民聚集到一个空地所创造的国家。虽然并没有留存记录，但日本是由身负先祖世世代代从古至今建立的人际关系所构建的国家。对于这样的日本人而言，历史是随时存在的东西，具有眼睛看不见的力量，影响和支配着日本人的想法、看法以及行动。这种感觉不存在于美国的氛围当中。换句话说，相信他人可以自由决定个人意志的大概只有美国人。

日本文明的"历史"文化是借助于中国文明的。在中国文明中，相当于希罗多德的人是《史记》的作者司马迁。司马迁是西汉武帝身边的人，担任太史令。

汉武帝从公元前 2 世纪起至公元前 1 世纪，在位长达 54 年。在其治世期间，中国从原本北自黄河、南至长江（扬子江）的地区开始迅速扩张，将当时人们所知晓的世界逐一纳入版图。那时的汉武帝已经达到人类难以企及的最高地位，如神一般存在。

在这个时代，中国的现实世界已经达到了人类想象力的极限。司马迁的《史记》叙述以汉武帝为中心运转的世界，范围遍及天文、地理、世事各个方面。同时讲述了汉武帝巨大权力的起源，从神话时代的黄帝开始，贯穿五帝、夏、殷商、周、秦各时代，一直到公元前 2 世纪末的当时为止，叙述"天命"不变的"正统"。

《史记》的历史书写决定了之后中国的历史文化。虽然同样属于拥有历史的文明，但与地中海文明或西欧文明以对立与抗争为历史的本质不同，中国文明的历史借由叙述稳定不变的世界来证明皇权的正统性。其中没有世界从何而来、要往何去的观念。就算如此，因为是拥有历史的文明，因此不仅是现在眼睛所看得见的世界，对于过去的世界也用同等的价值来看待。

日本式的历史

日本的历史从公元 720 年完成的《日本书纪》开始。公元前 108

年，汉武帝征服了朝鲜王国，接管了韩半岛。从此之后，日本列岛上的倭人住民不断受到中国文明的冲击，尽管如此，一直到他们写《日本书纪》为止，还是经历了 800 多年的岁月。

在这段漫长的时代，倭人们在政治、军事和经济上属于亚洲大陆，尚未拥有属于自己的历史。

公元 660 年，唐朝与新罗王国联手，大军登陆韩半岛，首先灭了百济王国。由于百济长年都是倭国的同盟国，因此当时的倭国女王皇极（齐明天皇）派遣倭兵前往韩半岛，试图复兴百济。然而，倭兵于公元 663 年在白村江之战中被唐军击溃。此后，高句丽王国也于公元 668 年被唐军所灭。

倭人们迅速集结起来，开创了日本列岛最初的统一王国——日本国。高句丽灭亡的公元 668 年，在近江大津即位的天智天皇成了日本最初的日本天皇，这就是日本的建国。

与拥有历史的中国文明绝缘而完全孤立的日本，由于同样也是拥有历史的文明，为了主张独自的自我认同，必须要有自己的历史。着手编纂国史的是天智天皇的弟弟天武天皇。

《日本书纪》从公元 681 年开始编纂，经过 39 年，于公元 720 年完成。其内容宣扬天智、天武兄弟的祖先是从天神手中继承正统，一直统治着整个日本列岛，而且完全无视中国的影响。这与从中国历史文献中看到的事实完全相反。

无论是哪一个文明，最初写下的历史框架，限制了人们的意识。《日本书纪》中表现出的"日本与中国对立""奉天继承独自正统的国家"等封闭思想，永久地决定了日本的性格。

从国史到世界史

文明可以分为"有历史的文明"和"没有历史的文明"。就算同样是"有历史的文明",不同的文明,其历史的框架也不相同。对于一个文明而言"正确"的历史,和对于其他文明而言"正确"的历史之间产生矛盾,是彼此的宿命。产生矛盾的原因是因为框架不同。框架不同的东西,当然不可能相同。无论收集多少国民相信的正确国史,加起来的总和也不会成为世界史。

现在还没人能写出真正的世界史。写出最多的是从西欧人的角度出发、作为西欧史延伸的"世界史"。以这种"世界史"的形式来处理最多的是在 18 世纪末之后的时代。从有记载开始以来,人类活动的大部分,都被这样的"世界史"排除在外。

再加上时代划分也是一个问题。时代划分基本上都是将自己出生之后的"现在"称为"现代",出生之前的"过去"称为"古代",如此一来,要从哪一个时间点开始划分则会因人而异。如果要作为社会共同的划分,那么问题很快就会出现。如果是同一个国家内的划分也就罢了,如果要做世界性的时代划分,问题就会越来越大。

如果在"古代"和"现代"之间再插入一个"中世",那么情况只会愈来愈恶化。"中世"意味的是"准备阶段的时代"。"古代"的世界慢慢进化进入"现代",而其间的准备阶段就是"中世"。这种看法是将"现代"视为世界的终极样貌,世界为了进入"现代"而历经了千辛万苦。

然而,"现代"不过是看历史的每一个人各自生存的世界。对于人类整体而言,"现代"实在称不上世界的终点。

　　总而言之，对于"古代""中世""现代"，恐怕世界史不可能有一个具有普遍性的时代划分。有的不过是在各自的领域和各自的地域，为了叙述方便而做出的时代划分。

　　要书写真正意义上的世界史，先决条件是开发出超越各个文明历史框架的、全新的共同框架。如果在这个全新框架下书写历史，则有可能违背原本国史的方针主张，与相关国家的利益相冲突，甚至可能会伤害国民的情感。不仅是日本，无论是哪一个国家，所谓的国史都是用虚构的内容来为自我辩护。

　　本书的书名是《日本史的诞生》。公元 668 年日本国诞生之前的历史，既不是日本史，也不是日本古代史。《日本书纪》反映的是日本国诞生之时的政治需求，而用《日本书纪》的框架，套用在之前日本列岛的历史上是时代的错误。

　　并非是单纯地将史料搜集在一起，更要理解各个史料的政治性质，要还原背后的内情。这才是看待和书写作为世界史的一部分的日本建国史的方式，也是本书做出的尝试。

文库版后记

　　本书收录的各章节皆是以不同时期刊登在不同刊物上的文章为基础写成的。然而，1994 年弓立社发行同名单行本的时候，我采纳了宫下和夫社长的意见，进行了彻底的修订。本书出版的背后，有着宫下和夫先生的热情。

　　其他的变更还有在发行单行本的时候，采用的是论文的文体，这一次都统一进行了修改。由于集结了原本刊登在不同刊物上的文章，因此有些同样的事情反复写了很多遍，但考虑到整体文章的脉络而没有进行特别的修改。不过，原本收录在最后，与民族学者大林太良先生的对谈"邪马台国与倭国"则加以省略。

　　为了记录本书出版的始末，下面列出各章原本刊登的刊物。序章是为了发行单行本而特别写下的内容。

　　我是在 1970 年第一次论及至日本建国为止的东亚历史的。《诸君！》2 卷 9 号（文艺春秋，1970 年 9 月）刊登的《邪马台国曾为中国的一部分》是我发表有关倭国的第一篇论文，第一章就是通过修订这篇文章而来的。

　　第二章《邪马台国的位置》是为单行本特别写下的章节。

第三章《"亲魏倭王"卑弥呼与西域》是综合修订《西域与卑弥呼——"亲魏倭王"的真面目》(《月刊丝路》,1977 年)、《"亲魏倭王"卑弥呼的真面目》(《历史与人物》,中央公论社,1977 年)、《邪马台国不曾存在》(《历史与旅行》,秋田书店,1978 年) 三篇而来。

第四章《倭人与丝绸之路》修订自《东亚的古代文化》(大和书房,1978 年),第五章《日本建国前的亚洲局势》修订自《横滨市教育文化中心文化演讲会记录集》(1981 年),第六章《中国眼中的遣唐使》修订自《IBM 生活》(1981 年)。

第七章《〈魏书·东夷传〉的世界》原题为"评论《魏书·倭人传》",刊登于《古代东亚史论集》(末松保和博士古稀纪念会编,吉川弘文馆,1978 年)。由于原本是针对历史学专家所写的论文,所以在用语和文体上难免僵硬,为了收录进本书,改写成比较平易近人的版本。

我是在 1950 年爆发朝鲜战争前夕,进入旧制东京大学文学部的东洋史学科(1949 年开始 4 年制的新制,3 年制的旧制一直并存至 1950 年)。当时进入文学部等于直接失业,尤其东洋史又被认为是最没有用的学科。抱着这样的觉悟我选择了这条路,更刻意地选择了最没有人气的领域,听了朝鲜史专家末松保和先生的课。末松先生原本是学习院大学的教授,之前在朝鲜史编修会任职,后来成为京城帝国大学的教授,是研究韩半岛新罗统一之前与新罗时代历史的权威,著有名著《任那兴亡史》。

新罗统一之前的韩半岛史除了《三国史记》之外,主要的史料都来自于《魏书·东夷传》和《日本书纪》,因此,先生授课的时候不仅讲朝鲜史,也讲中国史和日本史,这对于我看待历史的方式有着很大的启发。1953 年,我从东京大学毕业之后,承蒙末松先生收留,进入了先生在学习院主持的东洋文化研究所任职两年，主要负责整理与朝鲜有关的文献。现在回想起来，这段经历有助于我养成有别于东洋史和日本史的观点。

第八章《日本的诞生》是发行单行本时写下的章节。第九章《神谕创造的"大和朝廷"》原题为《唤醒古代的真实与浪漫》，刊登在《正论》65 号（产经新闻社，1979 年）。第十章《新神话——"骑马民族说"》刊登在《文化会议月报》（日本文化会议，1977 年）。这些章节全部都经过了修订。

第十一章《日本人是单一民族吗？》原题为《再论日本人单一民族论——尤其在东北亚的历史当中》，是根据 1986 年 12 月我在大仓酒店进行的演讲笔记写成的。邀请我演讲的是已故的新井俊三先生，他在离开三菱信托银行之后担任财界人士的智囊，成立了国际关系基础研究所。从 1971 年，我开始针对日本问题发言以来，与新井先生开始了进一步的交流，每年都有几次机会在他主办的早餐会上发表演讲，这一章就是其中之一。为了收录在本书中而进行了整理。

第十二章《日语是人造语》改订自《言论人》（1978 年），第十三章《关于历史的看法》则改订自《月曜评论》（1990 年）。

正如本文多处所述，《日本书纪》中女帝推古天皇和圣德太子所在的时代，根据中国正史《隋书》的记载，这时的倭国王应该是男的。无论怎么看，《日本书纪》的记述都非常可疑，因此，圣德太子是否真的存在，引发了各种争议。到了最近，我采用的是圣德太子确实存在的看法。然而，他存在的年代并非《日本书纪》中所写的年代，而是在其他时期。

文库本的封面所选用的《圣德太子像》，其实是 8 世纪的作品，他穿的不是飞鸟时代人物的服装，而是唐人的装束。由于类似的图画在中国西安也有出土，因而现在认为画中之人并非圣德太子。在日本尚未诞生的 7 世纪初，不存在肖像画。然而，由于这是过去一万日元纸币所采用的图画，广为日本人所知，所以才刻意选择这幅画作为封面。

另外，其他与本书相同主题的著作还有《倭国时代》（文艺春秋，1976 年。后朝日文库，1994 年），书中收录了我自 1976 年起分 10 次连载于《诸君！》中的文章而成。还有《倭国》（中公新书，1977 年）一书。《倭国时代》朝日文库版已经绝版，而《倭国》一书则有幸不断再版，现在已经是第 35 版了。

2008 年 3 月

冈田英弘

本书是基于 1994 年 10 月弓立社的发行本进行了部分修改调整。